A GOOD MOTHER IS BETTER THAN
A GOOD TEACHER

好妈妈胜过好老师

弘峰　编著

吉林文史出版社
JILINWENSHICHUBANSHE

图书在版编目（CIP）数据

好妈妈胜过好老师 / 弘峰编著 . -- 长春：吉林文史出版社，2019.6（2021.3 重印）

ISBN 978-7-5472-6140-8

Ⅰ . ①好… Ⅱ . ①弘… Ⅲ . ①家庭教育 Ⅳ . ① G78

中国版本图书馆 CIP 数据核字（2019）第 078562 号

HAO MAMA SHENGGUO HAO LAOSHI

书　　名　**好妈妈胜过好老师**

编　　著　弘　峰
责任编辑　高冰若
封面设计　尚世视觉
出版发行　吉林文史出版社
地　　址　长春市福祉大路出版集团 A 座　邮编：130118
网　　址　www.jlws.com.cn
印　　刷　晟德（天津）印刷有限公司
开　　本　880mm × 1230mm　1/32
印　　张　8
字　　数　180 千
版　　次　2019 年 6 月第 1 版　2021 年 3 月第 5 次印刷
书　　号　ISBN 978-7-5472-6140-8
定　　价　35.00 元

PREFACE
前 言

家庭教育的特点是潜移默化、言传身教。由于孩子的可塑性大，模仿性强，妈妈的一言一行、一举一动都在以身示范，无时无刻不在潜移默化地对孩子施加影响，从这一点上说，好妈妈胜过好老师。

教育是一项复杂的工程，每个人一生中都要接受家庭、学校和社会三方面的教育，缺一不可。妈妈的责任尤其重要，不仅要传授科学知识，还要将科学的教育理念与人文关怀协调起来，融入对孩子的教育当中。然而有些妈妈对子女的培养和教育煞费心机，为了培养孩子成才，她们不辞辛劳，费尽心血。但是却往往并没有取得相应的成效，其原因就在于妈妈没有从孩子自身的实际出发，还在用传统的理念教育孩子。

如今的孩子已经不是孤陋寡闻的孩子，而现在的妈妈朋友们在忙碌的工作中与孩子在一起的时间又非常少，加上没有较好的沟通技巧和教育方法，这势必会产生两代人——孩子和妈妈的“脱钩”现象。

现在有些妈妈在教育孩子的过程中过于急躁，总是固执地坚持自己的想法，不喜欢听孩子的观点，不考虑孩子的内心需求，甚至反对孩子的看法，因此要想有一种完美的亲子关系，须做到以下几点：

第一，应改变妈妈的家庭权力地位。妈妈要懂得理解孩子，倾听孩子的心声，尊重孩子，鼓励赞扬孩子，同时培养孩子的爱心，这才是掌握和提高沟通技巧的关键。在我们日常生活中，还有些妈妈在短时间内想和孩子成为知心的朋友，这不太现实，因为两代人在心理上有很大差异，看问题的方式和程度也不一样，与孩子成为朋友固然是件好事，但这需要一个过程。这需要妈妈的细心体会、发现、探索。

妈妈和孩子的沟通交流，实际上是两个生命的碰撞。每一位妈妈朋友都要加强与孩子的沟通，千万不要满足于现状，应根据自己孩子的实际情况不断提高沟通的技巧，向你的孩子伸出热情之手。

第二，妈妈也要会学习，学习怎样做一个好妈妈，做一个能使自己的孩子健康成长、成才的妈妈。家庭教育相对于学校教育来说，妈妈跟孩子一起相处的时间更长，跟孩子更为贴近，对孩子影响更大。因而，妈妈的一言一行，对孩子时时刻刻起着潜移默化的作用。尤其是幼儿时期，这一作用更为明显。

电视曾播过这样一则公益广告，内容是妈妈给儿子洗完脚后，又去给小孩的奶奶洗脚，老太太说：“忙了一天了，歇会儿吧。”小孩妈妈说不累，还说洗脚对婆婆的身体有好处。这些都让在门口的小孩子看到了，之后，他就给他的妈妈端了一盆水，给他的妈妈洗脚，妈妈笑了。

第三，要尊重孩子。妈妈要摆正看待孩子的心态，对自己的孩子要有个基本正确的估量，不是每个孩子都有做国家领导人、科学家、文学家等大人物的潜质，孩子要向哪个方面发展，要成为什么样的人物，要看其个性、爱好、兴趣等方面的潜质，妈妈应在这些基础上，引导和帮助孩子确立人生目标。

第四，要相信孩子。在孩子出现问题或困惑的时候，妈妈要耐心地帮助孩子查找和分析问题及困惑产生的原因，而后引导孩子自己去寻找解决问题、排除困惑的方法，妈妈不要包办代替，要“扶”着孩子走，不要“抱”着孩子走。这样有利于孩子走好人生之路。

第五，要教育孩子。不仅要注重“言教”，更要注重“身教”。“正人先正己”，只有妈妈自己做好了，自己有规范的言行、良好的素养，才能给孩子以好的影响。树立好的学习榜样，才会使我们的“家教”收到理想的效果，才会有益于孩子健康地成长、成才。

这里只介绍了几点做“好妈妈”的基本要素，书中更详尽地介绍了做“好妈妈”的方法和技巧，相信会对广大妈妈朋友们有所帮助。

CONTENTS
目　录

A GOOD MOTHER IS BETTER THAN A GOOD TEACHER

第一章

学会夸奖孩子，好孩子是“夸”出来的

现代心理学家认为教导孩子的方法有两种：肯定成绩，发扬优点，鼓励再进；认识和矫正缺点。这两种方法各有各的效用，相互补充。前者肯定成绩比较容易做到；而后者要矫正孩子的缺点就不容易了。它既要求耐心，也要求爱心。这两种方法实际上是对子女教导的两个方面，不可偏废。如果妈妈过于注意孩子的缺点，这里要说明一下，孩子是不可能没有缺点的，没有缺点的孩子是没有的，区别只是孩子缺点的多少。妈妈如果看不到孩子的优点，就会对孩子责备过多，以致夸大缺点，对孩子身心产生不良的影响。因此，妈妈必须善于发现自己孩子的优点，并且诱导孩子发挥自己的长处，来克服自己的短处。

如果妈妈忽略孩子的长处，而一味地强调他们的短处，会使孩子对自己失去信心。有的孩子在一味地强调他们的短处时，他们自己就会感到有压力，他们很容易产生自卑感。他们会对自己的能力感到怀疑，在他们的心里就会形成一种思维定式：不行，不行。我反正什么也不行！

当然，对孩子也不能片面地赞许和过分地表扬。或者只因为孩子喜欢听表扬就一味迁就而表扬，包括孩子的缺点，容忍孩子的坏毛病。那样也会把孩子惯坏，使孩子听不得批评，经不起失败。

表示认同的技巧

奖励在孩子的成长过程中，具有非常重要的意义。正面而积极的奖励可以很明确地表示你对他们的认同，常可带给孩子意想不到的动力，引导孩子发挥最大的潜力。当然，奖励也是有技巧的，它必须顺应孩子的成长变化而有所改变，下面我们可以来探讨一下这种奖励的技巧。

持续不断的奖励

很多妈妈以为，孩子开始上学就表示孩子已经懂事了，事实上，许多低年级的孩子，心智成长仍然停留在幼儿阶段，因此对于年龄小的孩子，奖励的次数要多，而且要将鼓励的原因和具体的行为告诉他们。例如，当你发现孩子今天表现得不错时，不能只是说“嗯，你今天表现得不错”“很好”，而是要清楚地告诉他“你今天没有和哥哥抢东西，又能主动把玩具收好，妈妈很高兴！”或是告诉他“你今天没有把衣服弄脏，而且又很快把习题写完，很好哦！”这种清楚而具体的奖励方式，才能使孩子了解什么是良好的行为，什么行为是妈妈所期望的。

此外，要特别提醒妈妈的是，低年级的孩子通常没有很清楚的是非概念，他们会一再重复曾经被挨骂或被夸奖的事情，而且他们都认为自己是好孩子，是对的。因此，妈妈对于孩子的良好行为，必须当场给予鼓励，而且不断地重复，使孩子产生“这样做才是好孩子”的意识，进而才能渐渐地朝着这些行为方向去发展。

制造奖励的机会

中年级的孩子从年龄和心智发展来说，已经可以按照妈妈的期望或既定的目标去学习，但是并不是所有的孩子都能达到妈妈的理想状态，因此这个阶段的孩子就渐渐被区分为“受夸奖”及“常挨骂”两个类型。对于“常挨骂”型的孩子，有不少妈妈会有“真叫我不知如何奖励他”的烦恼。其实，任何一个孩子都有他的优点，只是妈妈太注意他的缺点而把优点忽视了。

对于这种缺点较多的孩子，妈妈除了经常提醒他的优点外，还可以为他制造“奖励的机会”，也就是除了根据事实给予鼓励外，附带地给予孩子其他方面的建议，使他产生某种自觉，而朝好的方面去发展。例如，孩子不爱整洁，常把周遭的东西弄得乱七八糟，可是却对美劳很感兴趣时，妈妈除了夸赞他的美劳外，还可以鼓励孩子：“何不设计一个漂亮的百宝箱，既可以放许多东西，还可以美化书桌呢？”这种利用孩子的兴趣或优点鼓励孩子去改变其他缺点的方式，会比正面的责骂更为有效，同时孩子不断地获得妈妈的鼓励，也较容易对自己产生信心。

然而“制造奖励的机会”的方式不可操之过急，刚开始只能为孩子制造一两个机会，等到孩子完成了，并得到妈妈的赞许后，再渐渐增加其他机会。

真实诚恳最重要

到了高年级，孩子的个别差异愈来愈显著，所以要给予孩子奖励之前，一定要了解孩子的个性与想法。一般来说，高年级的孩子思想较敏锐，是非观念也较清楚，因此，妈妈根据事实给予鼓励的态度就愈来愈重要。这时，不适合以对待低年级孩子的口吻如“你很乖噢！”“你很听话噢！”来鼓励高年级的孩子，更不适合用夸张或过度的方式奖励他们。因为这个阶段的孩子，大多觉得自己已经长大了，所以比较希望妈妈以对待成人的方式对待他们，也就是以诚恳而富有建设性的话语来勉励他们。例如，当孩子考试考得好时，他可能不再需要听到“你真棒！”“你真聪明！”之类的话，而是希望听到“这表示你很认真，你的辛苦得到了回报，我很为你高兴”之类较恳切而实在的话。

奖励高年级的孩子时，妈妈说话的语气或脸部的表情也须格外注意。因为这阶段的孩子较敏感，妈妈的态度不诚恳或带有命令式的口吻，会使孩子不易接受，甚至产生“反感”的心理；相反，若是妈妈的表情温柔慈爱，语气极富有感情，孩子不但易受感动，而且较乐意接受妈妈的勉励，如此才能真正地发挥奖励的功效。

选择适当的奖励、赞美词句

奖励有两个基本目的，除了针对孩子具体的好行为给予奖励，使他养成良好的学习态度、生活习惯外，也要使其他孩子兴起效法的意愿，一起向善。例如，“大哥哥今天在公车上让座给老奶奶坐，真乖哦，你们也要向他学习，做个有礼貌的孩子”。这对其他孩子具有启发作用，只是不要老是用同一个人来奖励，以免有偏颇之嫌。

相对而言，奖励时也要顾虑到不伤害到其他的孩子。当同样问题却有两个以上的答案时，赞许正确的一边，应该也立即附带慰抚错误的一边。例如，“姐姐很细心，真是了不起，妹妹的意思，妈妈也懂得，讲得相当清楚，只可惜忽略了一点……”

诚意、真挚的赞美最能打动人心，妈妈千万不要摆出一副冷漠、道貌岸然的口气。既然是对孩子由衷地赞赏，就要尽可能地将感动、喜爱的情意流露于话语之中。

孩子走在马路上，突然弯腰捡起一个空牛奶盒，走了很远丢到垃圾筒，妈妈看在眼里，对此不经心的举动，可以加大音量说：“你的举动很令我惊喜耶！”甚至可以与他拍手，亲他一下。

一些感叹如“啊！”“耶！”……尤其是表达诚意的赞叹，只要避免戏剧化的夸张，孩子将强烈地感受到这种奖励的真正用意。

夸奖要把握好尺度

前面我们说过，对孩子的教育，不能片面地赞许和过分地表扬。或者只因为孩子喜欢听表扬就一味迁就而表扬，包括孩子的缺点，容忍孩子的坏毛病，那样会把孩子惯坏。可见，我们在对孩子实施夸奖教育时，不但要讲究方式方法，还要注意夸奖的尺度。下面我们来探讨一下夸奖孩子的尺度。

把奖赏当作“贿赂”

如果你想让孩子改掉坏习惯，使他变得听话，有责任感，那么，奖赏是一个非常有效的方法。如想让他主动地整理自己的房间；戴好帽子；独自看医生等，就需要用奖赏来达到目的。

首先，要明了奖赏这个词的含义很广，并非都是正面的。当你因他本不该做的事而给予“奖赏”时，那就是不可取的。

如果你是在无计可施的情况下提出奖赏的话，那么严格地说，你的奖赏是不正确的。当你的孩子不肯离开舞会时，而你却说：“回家！我们到家后，我陪你玩儿游戏。”这就是在“贿赂”他。虽然听起来好像你说得很对，但如果你的孩子说：“我不照你说的去做，你又能怎么办？”但是如果你在舞会前这样告知孩子：“要你离开舞会，总是很难。但是在我说要走的时候，你表现得很好，回家后要玩儿什么游戏，我都陪你。”情况就不会是这样了，这就正确地引导了孩子的动机。所以你可以对他说：“我要你这么做，如果你照做，你就能获得玩儿游戏的奖励，你自己决定。”这就大大不同了吧！

在很多时候，妈妈为了让孩子去做一点儿事情，而用物质作为交换条件。其实孩子并不需要“贿赂”，他们本身就愿意听话。如果我们以“贿赂”来换取他们的合作，就等于告诉他们我们不信任他们，这也会让他们产生挫折感。

奖赏并不能满足孩子的归属感。这一刻使用奖赏行得通，下一刻呢？是不是需要另一个奖赏？如果小孩子根本不要求奖赏，或者他认为除非是非常值得的奖赏他才愿意合作，那么妈妈会面临的问题更严峻。然而物质的欲望是无止境的。如果小孩子建立这种错误的价值观，他会认为别人总是亏欠他。“我没有得到奖赏，我就不听他们的。如果他们罚我，我会找机会报复的。”

所以我们应该以满足孩子的参与感和鼓励他们的努力来取代物质的奖赏，这才不至于剥夺孩子的基本生存欲望。

别想买动孩子的心

所有妈妈面对孩子的行为表现，无论选择了奖赏或惩罚，都是为了培养孩子形成健全的人格。所以，奖赏及惩罚是用来表示一种期盼，更可以说是一种手段。

很多妈妈主张以奖赏的方式规正孩子，专家认为：“鼓励孩子改正缺点的方法，会比责骂来得有效。”

但是事实上，奖赏并不是万灵丹，如果妈妈没有斟酌好奖赏的质与量而滥加施用，结果不仅难达预期的效果，同时也会在孩子的人格发展方面留下不良的影响。

有些妈妈常常会跟孩子说：“如果你考一百分，我就买机器人给你。”这是用酬赏的方式鼓励孩子的某种行为。这种做什么事就给东西或金钱的奖赏方式，一位教授分析说，它容易养成孩子偏向功利主义的习性：“到后来孩子的每种行为、每种表现都只是纯粹为了物质，没有物质，他就会立即停止再做努力。”

妈妈应该要提升奖赏的层次，借以避免有形物质奖赏的弊端。

当孩子有好的行为表现时，妈妈所给予的奖赏等于告诉孩子：“这种行为是对的，继续！继续！”头几次妈妈利用东西或金钱来奖赏孩子是为了增强孩子对这种好行为的印象，接着妈妈就应该停止如此的奖赏，视这些行为是孩子应该遵循的，而渐渐地他也无须依赖奖赏就能持续下去！

妈妈如果不提升奖赏的层次，孩子会形成怎样的人格呢？专家说：“那就是被动、欠缺动机——凡事都要有目的才会去做。这种性格自然会影响到他将来与人相处的态度，他会以为利用金钱等物质都可以换取一切，甚至包括别人的心，因为别人也是如此待他的。这种沟通就难以坦诚了。”因此，妈妈在激发孩子的某种行为之后，一旦达成目的，就要转向另一要求的标准上，才能让他在做完一件事之后，不会只想到奖赏；也才会不把“获得奖赏”作为所有行为表现的动机。

不要言过其实

在孩子不听话，而妈妈又想要他听话时，常会说：“你是个好孩子，应该听妈妈的话。”或“你是个乖孩子，不会这么做的。”妈妈当时说这些好听的话，完全是出于无奈，想哄孩子听话。

当然，如果孩子很小，还不大懂事，没有独立思考能力，听了这些奉承话，也许会真的听话，不再吵闹了。不过即使是这样，孩子只会养成一种只爱听奉承话的习惯，将来也会变得任性，听不得半句责备。

但是有些孩子已经懂事，自己有了独立思考和判断的能力，他会知道这是妈妈骗他的假话，实际上是说他不是个好孩子，没有听妈妈的话，于是可能产生自暴自弃的想法：“反正我是一个‘坏孩子’！”孩子们喜欢听好话，也就是说喜欢被别人表扬、称赞。但是表扬、称赞必须切合实际，针对事实，这样才能鼓励孩子进步。而不切实际、言过其实的称赞是不能真正鼓励孩子进步的。因为这是大人哄孩子听话的一种手段，实际上是一种哄骗。要使孩子真正听话，必须让孩子充分了解事理，也就是说应该让孩子了解“为什么这样做才对”或“为什么不能这么做”，这样孩子才能自觉地节制自己的行为。

A GOOD MOTHER IS BETTER THAN A GOOD TEACHER

第二章

科学使用比较法，给孩子十足的勇气

在当代，自立自主的品质对于在过分优越的环境中成长的独生子女来说是一个难题。妈妈应有意识地给孩子更多自我锻炼和自我服务的机会，同时善于利用生活身边的人或事物帮助孩子树立自信心。

人总是善于攀比的。当你的孩子看到其他的人做出了一番成绩的时候，这总是会不由自主地激起他的自尊与自信心，触发他心底的潜能。

自尊、自信是良好心理素质的基本标志，较高水平的自我价值感是培养孩子健康个性的关键。那么，培养孩子的自我价值感应从哪些方面入手呢？

一步一步地来

每个孩子都是“天才”，都有巨大的潜能等待挖掘。但孩子的成长是一个相当需要耐心的过程，需要不断地给予鼓舞和自我激励，发掘一项优势潜能能够激发他们的自信心和自尊心。在运用比较法时，我们应该明白“欲速则不达”的道理，相反地还会引发孩子的逆反心理，刺激他们的自尊心，从而拒绝接受进步。

每个人都各有所长，你大可不必要求你的孩子在每个方面都与别人比较，那样只会对你和你的孩子同时造成伤害。

选好比较的对象

榜样的力量是无止境的，通过榜样的作用，这对孩子的成长非常有益。

美国著名的心理卫生专家 J.E. 瓦邻曾经研究并分享过许多伟人的成长过程。这些伟人大多有一个共同的特点——因为小时候都有缺点，所以总是被老师认为资质低劣，不可造就。例如，因发表进化论而成名的达尔文；发现地心引力的牛顿；英国浪漫主义诗人代表拜伦以及开启近代哲学之风的黑格尔……不胜枚举。他们在小时候，都被认为是愚昧不堪的“笨孩子”。

但是，他们并没受到别人看法的影响，并自我肯定，追求自己的人生价值。结果事实证明，他们不仅不愚笨，反而个个功成名就，对人类有着伟大的贡献。

对于孩子来说，这些人与事都能给他们带来极大的鼓舞。作为妈妈，多用积极的人与事给孩子作为参照物，更能激发他们内在的潜能。

尤其是那些有自卑感的孩子，往往都会在他人身上发现共同的缺点。这就是心理学上所称的“连带意识”——并非只有自己有烦恼，别人同样也有类似的痛苦，所以不必自怨自艾或自卑难过。

事实上，古今中外的每一个人，都有他本身的缺点和挫折。我们应该教育孩子不要为了一己的缺点，就自叹苦命、倒霉，而自暴自弃、逃避现实。

我们应该让他们知道“家家有本难念的经”。所有的挫折和困难，都是为了要磨炼他们的心智，使他们更加成熟壮硕。所以，妈妈应当教育他们当身体或性格上有缺点时，不要退缩、害怕或自卑，应该更坚强地克服障碍，使自己活得更积极，更有意义。

另外，妈妈还应该教育他们当发现别人的优点时，更要虚心求教，向他人看齐。借着吸收他人的长处，能帮助自我成长得更快、更稳，而且也能得到很大的激励效果。

事实上，天生有缺点的人比毫无缺点和挫折的人更幸运。因为，有缺点和困难的人，通常都会被磨炼得较有韧性，所以通常都会成为社会上很有成就的人。因此，母亲应该让有自卑感的孩子多阅读伟人传记。

孩子的天性一般来说是弃恶向善的，他们通常向往美好，崇尚正义，但这种天性也要加以引导。妈妈要充分利用孩子的这种心理优势，用典型的人物对他们进行正面教育，如带孩子看些英雄人物和革命家的故事影片，给孩子讲历史名人的传记故事。另外，带孩子走亲访友时，遇到有作为的人士可给孩子随时介绍。带孩子外出游览名胜古迹时，可以引用名人事迹和诗词典故来进行教育。总之，时机处处有，方式可多种多样，日子久了，孩子自然会从中受益，得到心灵的陶冶。

不要将梦想强加给孩子

有的时候，妈妈希望孩子实现自己没有实现的梦想，但也许你的孩子并不喜欢，甚至满怀怒气和不平地参与你指定好的活动。妈妈会让孩子连续背诵单词、拉提琴等，有时候简直是在强迫孩子。所以，你的孩子不断强迫自己要做得更好，但是他表现出的却是很不快乐的样子。

不论你的儿子玩儿足球或是下棋，你的女儿玩儿足球或是弹钢琴。假如孩子的反应缺乏热忱，表现得不好，你就会很沮丧，甚至会过度地干预，那么很有可能，这个活动对你的意义大过于他。

有时候妈妈希望孩子喜欢他自己所追求的，唯一的方法就是他是为他自己做。假如这是你的梦想，而他是为你而做的，那就会有许多事情发生。你们之间会产生高度的紧张情绪，他可能会为了要讨好你而把自己逼得太紧。他可能会成功，也可能会失败，不管是哪一种结果都不好。焦虑会支配一切，假如他做得很好，他会认为这就是你爱他的原因；假如他做得不好，他会觉得你认为他不够好。

妈妈和自己的孩子是独立的个体，孩子并不是妈妈的翻版，他不需要也没有必要去实现妈妈的梦想，让你感动，或是做些特别让你骄傲的事。他也不需要顾虑你的感受，你有你自己的生活，参与让你兴奋和给你自我价值感的活动。你不需要他为你而做，你只希望他也能有同样的感受。

尊重孩子的意愿

为了让你的孩子喜欢自己和他所做的事，这就必须尊重孩子的意愿。你可以鼓励，但是鼓励和驱策是不同的。要想清楚地知道你在做什么，就要诚实地评估你自己的情绪反应。

你必须时时聆听你的孩子和观察他的反应，了解你的孩子有权利被他觉得最舒服、最能满足他的活动吸引，不论你对他的期望是什么，“你想要做什么？”这句话对你和孩子都有很重要的意义。

妈妈过度地逼迫孩子、期待孩子成功，是由于他们受挫的野心，当你试着想要帮助孩子发现自我，同时让你思考一下自己未实现的梦想，这对你来讲也是个好主意。假如你可以有属于你自己的成功经验，那么让你的孩子去发现一个属于他自己的，会容易得多。

介绍孩子参与活动，妈妈可以这么说：“你看，来试试这个，我希望你多开阔视野，尝试一下，假如你不喜欢这个，你可以试试别的。”这样的说法远胜于这样说：“这是很好的活动，让我看看你做得怎么样，假如你继续下去，我知道你会喜欢的。”

前者的说法意味着你的孩子不会对你生气，他会觉得自己受到尊重以及参与活动的快乐体验，他知道假如那不是他喜欢的活动，也没有关系。他会取悦他自己，更有信心地去尝试新活动。

告诉他“你也能行”

所有的成功者都有这样一条共同的体验，就是不害怕失败。因为越害怕失败，就越是裹足不前。可是，在不少家庭里，当孩子想做新尝试时，大人往往会不自觉地说出：“不能失败，要做就要做得最好。”这种话非但不能鼓励孩子，反而会使孩子畏缩不前。因为这番话，就如同在向孩子暗示，这么做可能会失败。结果就是孩子因害怕遭受失败的打击而放弃任何尝试。

不要浇灭孩子的勇气

妈妈经常会不自觉地在行动上或说话的语气上表现出对孩子的能力及技巧的不肯定或不信任。例如当年仅两岁的宝宝想帮我们整理餐桌时，我们通常会立刻从他的手上抢过盘子，然后说：“不用了，宝宝，你会打破的。”我们为了惋惜一个盘子可能就会使孩子心中刚萌芽的兴趣扑灭，也可能阻碍了孩子尝试发掘自我的力量和能力的意愿。我们等于剥夺了他聪明才智的发展和潜在能力的发挥。孩子穿鞋时，我们会说：“你穿错脚了。”宝宝第一次自己吃东西时弄得全身脏兮兮，我们就会大叫：“你看你弄得一团糟！”然后把汤匙抢过来，干脆自己来喂他吃饭。这样，只会让他感觉到自己很笨。最糟的是，孩子索性以无言来抗议我们的盛怒。我们就是这样一点一滴地浇灭了孩子的勇气。

我们打断孩子勇敢尝试的念头都是在无意间造成的。首先因我们无法忍受他们表现得比别的孩子差，这种态度自然使他产生不敢尝试的心理。其次，我们没有充分相信他们的能力，总是认为他长大一点儿就会了，既然小时候没有学习和尝试，长大怎么可能会呢。

如果孩子犯错，或没有达到我们的要求，我们在行动上或言语上应该尽量避免表现出我们认为他是个失败者的现象，例如，“你怎么弄得这么糟”。相反地，我们必须了解“去做”和“做成功”是两回事，而且必须认定“失败”只是表明技巧不够熟练，而不应该改变个人的价值。真正勇敢的人能够忍受失败的打击，而不会因为失败而觉得自尊心受损。这种“不完美的勇气”是大人和小孩都必须培养的态度，否则随时都会产生挫折感。

鼓励孩子，一方面要避免使他们因受辱或被过度保护而产生挫折，另一方面则必须懂得鼓励的方法。鼓励的方法就是随时表现肯定并相信孩子的自我意识。当然妈妈需要虚心的学习和思考。我们应该经常问问自己：“怎么做才能达到尊重孩子的自我意识呢？”

其实，只要妈妈仔细观察孩子的行为表现，便不难了解他对自我的判断。

通常，不能肯定自我能力和自我价值的孩子在行为上必然暴露出这些缺点：他不再表现得积极乐观，而是变得退缩、观念偏激。而且因为大家都认为他不成熟和不长进，所以他便决定轰轰烈烈地做些事，好引人注目，但是，不同的是他以当“坏孩子”而出名。

不要进行无谓的比较

鼓励便是不断地灌输孩子自重和自主的观念，而且从襁褓开始就已有这样的意识。

兄妹俩拿着成绩单回家，妹妹悄悄地走进房间，兴高采烈地走到妈妈身边说：“妈妈，你看，我全部科目都得优等。”妈妈看看成绩单，很高兴，然后问：“你哥哥呢？我要看他的成绩单。”妹妹耸耸肩得意地说：“他没有及格。”

妈妈看到儿子便问他：“你的成绩单呢？”他慢吞吞地回答：“在我的房间里。”“你的成绩怎么样？”儿子没有回答，只是看看地板。“你大概又是劣等吧？你真丢脸，妹妹都得优等，你怎么不学学妹妹呢？你总是偷懒、不专心。以后不许到外面去了，快回房间去。”

儿子因成绩不好而产生挫折感。他觉得自己无法达到妈妈要求的标准，也无法赶上妹妹，而妈妈的责备使他更沮丧。首先，妈妈还没看到成绩单就预料他的成绩不好，既然妈妈对他没有信心，他就索性放弃并自甘为失败者。其次，妈妈的羞辱，又使他自觉自卑。而且妈妈赞美妹妹的好成绩之余，还要求他向妹妹学习，这样就否定了他的自我价值。他已经觉得自己无法赶上妹妹，而且又比妹妹大两岁，所以他更觉得落后是情理不容的。可是妈妈还说他偷懒，因此他更觉得自己一无是处，最后妈妈的惩罚是不准他到外面去玩儿。

激励互相竞争并不总是一种正确的鼓励。为了鼓励哥哥，妈妈不应该以妹妹为模范。无谓的比较只会给孩子造成心灵上的伤害；儿子有他自己的自我价值——他没必要成为妹妹的翻版。如果妈妈真的想帮助他，就必须对他有信心，帮助他恢复信心后，他的能力才会完全发挥。所以妈妈应该尽可能地指出并赞美他的成就，即使是小小的成就，这对儿子来说总是一个开始，而不应该以指责和批评的方式，打击他的自信心。

如果作为妈妈这时要是这么做，情况是不是就完全不一样了：

兄妹俩带着成绩单回家，妹妹跑到妈妈身边说："妈妈，你看，我全部科目都得优等。"妈妈看了看成绩单后说："很好，你喜欢念书、学习，妈妈很高兴。"（注意这次妈妈不再强调成绩的等级，而是关心学习的兴趣，而且大大地修饰了对女儿过度的赞美）妈妈知道儿子害怕讨论成绩单，所以她耐心等到和儿子单独在一起时才对他说："乖孩子，你的成绩单不要妈妈签名吗？"这时儿子才慢吞吞地将成绩单拿出来。妈妈看了看，签完名，然后说："妈妈很高兴你喜欢念书，这些科目很有趣吧（针对得到中等的科目）？"接着，妈妈鼓励地抱抱儿子又说："愿不愿意帮妈妈准备开饭？"儿子在帮忙时会觉得很难过，最后说：“妹妹优等，而我却得了几科劣等。”“你是否也和妹妹一样得优等这并不重要。有一天你也会领悟学习的乐趣而且发现自己的进步。”

我们不难想象如果妈妈突然改变态度，儿子会有什么反应。起初儿子可能会感到怀疑，妈妈竟然不再认为只有妹妹才会得到优等。过去别人总是认为他不是读书的料，因此自己也觉得再努力也是徒劳无用。但现在他改变想法了，开始努力念书并以得到中等成绩为目标，至少这是他能力所及。如果妈妈观察到儿子的这种改变而给予他重新评估的机会，并不再施予竞争的打击，这样便可以激励儿子更用功，直到儿子很有把握得到中等成绩后，他会进一步认为：“我再努力一点儿可能会得到更好的成绩。”因此妈妈的这一点儿鼓励会成为指引儿子进步的一盏明灯。

从以上例子中我们明白了鼓励的重要性，同时也可以看到妈妈在管教孩子时可能会犯的错误。当然我们不可能期望一次的鼓励能产生很大的效果。如果想要改变受挫折孩子的自我意识，我们就必须不断地鼓励他。

正确地对待孩子的要求

攀比的特性在孩子当中比较常见，这也很正常，正是这样才能体现出他们的心里存在着某种强烈的愿望。作为妈妈，尤其要注意对孩子攀比性格的引导，如“奢华”“浪费”等不良习惯的攀比只会给孩子带来负面的影响，还会导致他们不断地向妈妈索求。如何正确地对待孩子提出的要求，这时显得尤为重要。

在中国，孩子们被称为“小皇帝”“小太阳”，他们在家庭中具有“举足轻重”的地位，绝大多数妈妈都尽力满足他们的各种需要。长此以往，在孩子的脑海中就会形成这样的观念：我想要什么就会有什么，我想怎么样就能怎么样。这就使他们很难经历到挫折感。这样的孩子容易形成任性、以自我为中心的性格，并且长大以后往往心理承受能力很弱，经不住任何挫折和坎坷，无论在生活中还是在事业上，一旦遇到困难，他们就会表现出畏缩性的停滞不前、无所适从。而不是勇敢地面对现实，努力寻求解决问题的办法。

所以妈妈应该正确地对待孩子提出的种种要求，对于正当合理的，应该给予满足——即使需要克服一些困难；而对于那些不现实或者不完全合理的要求，妈妈应该坚决地拒绝（注意，不能采取粗暴的态度），并且应该向孩子讲明白拒绝的理由，让他们明白自己要求的不合理性。这样就能使孩子知道：有的要求是不能够被满足的，生活中是会遇到难以克服的困难的。只有从小就培养孩子应对挫折的能力，使他们具有坚强的毅力和调整心态的能力，才能在他们长大后面对困难和挫折时有良好的心理准备。中国有一句古诗"自古雄才多磨难，纨绔子弟少伟男"说的就是这个道理。

打消他心中的疑虑

随着孩子慢慢成长，他会慢慢认识自己，同时，开始注意别人，特别是妈妈和老师对自己的评价。如果孩子从妈妈那里常常得到赞许、表扬和肯定，那么他就会认为自己是一个有能力的人，其行为则表现为积极果敢，而且情绪稳定，充满自信心。相反，如果妈妈对孩子的评价是否定的，孩子的行为经常受到妈妈的批评和训斥，他便会觉得自己是一个无能的人，会变得不知所措，缺乏自信。

帮助孩子正确地评价自己

老师和妈妈要高度重视自己对孩子的评价，要多以积极肯定的态度来对待孩子。妈妈对孩子发展所确立的标准要适当，应考虑自己孩子自身的特点和能力，不能主观地总以过高标准要求孩子。标准过高，孩子达不到，屡遭失败，会产生持续失败的挫折感，积累“我不行”的消极情感体验，容易使孩子丧失自信心。

还有些妈妈望子成龙心切，常常希望自己的孩子样样比别的孩子强，惯于横向攀比。但这种横向攀比，尤其是拿自己孩子的弱点同别人孩子的长处相比，只会伤害孩子的自尊心和自信心。要求自己的孩子处处强过别人是非常不实际的，妈妈应对孩子做出公正客观的评价，让孩子切实了解自己的能力。看到孩子有某些不足时，要不断地鼓励他去弥补，还要耐心地帮助孩子分析达不到要求的原因和自身存在的有利条件，并在具体实践中树立孩子的自信心，培养孩子的毅力。

其实，我们的周围到处都是培养信心的“工具”，自行车就是其中的一个例子。对于年纪小的孩子来说，它是学习如何骑在上面不掉下来的一个体验；而对于大一点儿的孩子来说，它是上学或从食品杂货店带回牛奶箱的一种交通运输工具。除此之外，有了它还可能参加自行车比赛。

孩子要用“心”才能获得成功。许多时候，成功与他失之交臂，并不是因为成功不肯垂青他，而是由于他易被环境左右，惯于附和，缺乏主见，最终放弃了自己的正确判断。自信使人进步，自信是获取成功所不可缺少的，而掌握相当的知识与经验，则是树立自信心的必要前提。自信是成功的基石，孩子有了自信心，才能充满信心去努力实现自己的愿望和理想。那么怎样培养孩子的自信心呢？

首先，利用各种机会尽可能地帮助孩子培养他们的能力。这就要求妈妈对孩子要有一个恰当的期望值。你提出的要求必须是孩子经过努力便能达到的。另外，应尽量让孩子自己解决问题。设计一些能促使孩子成功的情境，妈妈一定要耐心地让孩子完成其力所能及的活动，切不可加以干涉或包办代替，因为那只会让孩子永远感受不到成功的喜悦。

其次，对孩子的言行提出适度的评价，及时肯定孩子的优点和长处，以积极的、正面的态度去接纳孩子的各种行为。妈妈不要吝啬带有鼓励性的语言，因为，妈妈的评价在很大程度上影响着孩子的自我评价。在这一基础上，你要教孩子学会正确的自我评价，让孩子了解自己的长处与不足，并加以调整和改进。

自立意识和自主性就是指人们凡事力求自己思考、自己判断并力求自己寻求解决的行为方式。目前，自立、自主的品质对于在过分优越的环境中成长的独生子女来说是一个难题。妈妈们首先要做到的是，有意识地改变观念，减少对孩子们的溺爱与迁就，从小培养孩子的独立生活能力，给孩子更多自我锻炼、自我服务的机会，减少孩子对妈妈的依恋和依附，提高孩子对社会生活的适应能力，这将有助于孩子独立性的发展。其次，树立正确的家庭教养观念。在教育问题上采取民主的态度，注重给孩子自主权，经常倾听孩子的观点，让孩子参与家庭决策，并要求孩子对自己的行为和选择负一定的责任，允许孩子取得主动并且负起与年龄相适的责任。

或许你们家正在计划出游：起程之前需要确定路线。让孩子在城市的周围挑选一个可以去游览的地方，然后给火车站打电话，了解如何到达那里，需要多长时间和费用是多少等问题。拿起电话询问这些问题可能算不上什么大事，但是它的确需要拿出一点儿勇气，它有助于培养孩子的自信心。

当孩子受到褒奖，结交朋友，面对成绩时，作为成人的妈妈对这一切都应该做到泰然处之，孩子也就不必在此方面做更多的精神准备。但是，当奖赏真真切切地来到面前时，要帮助孩子用一颗平常心去对待。

帮助孩子学会竞争

每个孩子都有自己独特的地方，孩子在自己喜欢的领域里活动时是非常投入和充满自信的。

妈妈应了解自己孩子的特点，帮助孩子在某些领域的竞争中获得成功，从而帮助孩子建立起自信心，以促进其他方面的学习。另外，孩子是可以在活动中获得发展的，妈妈要为孩子提供活动和表现能力的机会与条件，放手让孩子进行各种活动，让他们感到自己是有能力的，可以从自己的身上而不仅仅是别人的赞赏中获得自信。在活动与竞争中，要引导帮助孩子建立良好的同伴关系，促进其进行自我肯定，树立自信心。

接着，鼓励教育孩子向困难发起挑战。

成人积极的态度对孩子影响很大。孩子总是希望受到大人的赞赏，做妈妈的应利用这种心理，无论孩子做什么事，要善于对他们的点滴进步和成功给予赞赏和鼓励。同时，还要充分利用各种途径，使孩子多获得成功，使他们积累积极的情感体验。

特别要对自信心较弱的孩子给予更多的爱和帮助，可先让他们做些简单的、力所能及的事情，使他们在获得成功的体验中认识到自己的长处，相信自己的力量，树立自信心。注意鼓励也包括接纳孩子的失败与不足。孩子有时会有些奇怪的想法，想尝试不太容易完成的事，妈妈千万不要嘲笑或禁止孩子，否则以后他可能不肯动脑筋思考，也会缺乏向新奇事物发起挑战的勇气。

当孩子想做某种新尝试时，妈妈即使知道他暂时还不可能成功，也要让他去闯闯，然后再同孩子一起分析不成功的原因，鼓励孩子自己跨越这些障碍，而当孩子一旦取得成功，就会感到特别自豪。这样，孩子会逐渐形成向困难发起挑战的自信和勇气，提高自我评价的能力。

帮助孩子克服羞怯

羞怯令人痛苦，会给孩子的心灵造成不好的影响。不要让孩子被羞怯感压垮，妈妈应通过一步一步的努力，慢慢帮助孩子克服羞怯。

度过了无忧无虑的童年，展现在孩子面前的是一个成年人的世界，既精彩又无奈。不过，孩子在童年就养成的好品质，可以帮助他们接受挑战。不过就像植物生长离不开水，孩子也需要周围的家人、朋友及老师的不断扶持，才能健康成长。

几乎所有青少年都特别喜爱听——为您准备好的具体的表扬套话：

我很高兴看到……

你，可真是帮了我的大忙……

羞怯令人痛苦，会给儿童的心灵造成一定的不良影响。羞怯可能使他们错过交友的良机。作为妈妈，我们应该针对上述问题，帮助孩子学会多种方法来接受他们自己的羞怯，培养战胜羞怯的能力。

与孩子共同列出三四种常常使孩子感到羞怯的情形，如在班里发言、与异性同学讲话，坐下来共同研究商讨。

编造一个场景，如，几个同学在商定课后去吃烤肉。你的孩子很想去，可与几个孩子又不十分亲密，结果他没去，心里又很不舒服。

商量几种处理这类情况的方法。例如，同几个伙伴一起走，和其中的一位搭讪说：“我想和你们一起去，行吗？”事先就要想到自己可能被人拒绝，这样一旦真的被拒绝，也就无所谓了。

列出一张“克服羞怯”的训练表，注意不要让孩子冒太大的风险。例如，向警察问路；课后向老师请教问题；赞美别人穿的新衣服。

不要让孩子被羞怯感压垮，应该一步一步慢慢来。即使是一点点儿成功，也会使孩子满怀信心地继续努力。

将中西方妈妈的育儿方式做一下对比，会发现显著的不同之处。西方的妈妈倾向于鼓励孩子，对于“你太杰出了”“你很伟大”这样的赞美之词，她们是从来不吝啬的；而中国的妈妈可能认为这些话太肉麻。西方的妈妈认为，我的孩子不会是样样第一，但总有优秀的地方；而在中国，妈妈教育孩子时，似乎总在刻意追求十全十美的境界，有了好成绩，不能翘尾巴，要谦虚谨慎，多找缺点和不足。

浙江温州一位初中老师让孩子写一篇周记，说说自己身上的闪光之处。可是孩子们交上来的周记，竟是不足多于优点，并且约有三分之一的孩子找不到优点。孩子们找不出自己的优点，也许正是其个性长期遭到禁锢的缘故，假如学校培养出的都是那些找不到自己优点，缺乏信心的“失败者”，那么，还能认为这种教育是健康和全面的吗？

在中国，就有不少年轻人每次一承担某项工作，就会怀疑自己的能力，认为自己什么都不行，有时甚至连当众讲话的勇气和胆量都没有。如果我们的老师和妈妈学学西方的教育方法，注意引导孩子为自己的成绩而适度自炫，从而不断促进增强战胜自我、完善自我的信心，兴许很多的孩子会成为杰出的成功者。这样，那种总是谨小慎微、盲从世俗，生怕别人说自己傲慢狂，唯上唯书心态的人就会少得多，“敢冒、敢试、敢闯”，富有创新精神和创新能力的弄潮儿就会成批涌现。

A GOOD MOTHER IS BETTER THAN A GOOD TEACHER

第三章

不要过度保护孩子，让孩子学会承担

简单教育是我们所追求的目标，在这一章里我们将讨论用逆反法来达到简单教育的目的。

天性使然，每个孩子都有其性格弱点，自尊心强、没有恒心等，但我们可以利用他们的这些性格弱点，从反面加以刺激，从而可以克服他们的这些弱点，达到简单教育的目的。

当然，每个孩子的性格都会大不相同，更重要的是我们如何去应用逆反法，要知道“多一分则太过，少一分则不足”，至于如何才能做到恰到好处，那就要靠我们慢慢去体悟了。

事情不要做得过火

管教的艺术就在于：爱他，就是关心他，扶持他和照顾他；爱他，就是不过分关心，不过分扶持，不过分照顾；爱他，就是帮助他独立，训练他的自主能力。照顾孩子是一门艺术，多一分是溺爱，少一分是顽劣；宽一分是放纵，紧一分是压抑。拿捏的艺术全在妈妈的方寸之间，稍不留神就进入了误区。

不必要的同情

同情是一种消极的感情，它会将一个人的自信心抹杀殆尽。妈妈错误的同情只会给孩子带来伤害。不要太心疼孩子，应帮助孩子建立信心和勇气，使他们能面对和承受各种困难和挫折。

妈妈的同情对孩子是有害无益的，有时，即使是合理或可理解的同情也是多余的。

小天，正兴奋地期待他即将来临的七岁生日，因为他们计划当天要去野餐，到农牧场去骑马。这对长久生活在都市里的人来说的确是非常新鲜的活动。他们一共邀请了十八个客人，其中，有两家要提供交通工具。随着生日的临近，小天和他的小朋友也愈来愈兴奋。生日当天，小天一起床，就发现天空布满乌云。他不安地跑去找妈妈："不会下雨，对不对？如果下雨，我们还是要去，对不对，对不对？"妈妈知道下雨的可能性很大，可是又担心他儿子会很失望。他们当然可以改期，但是改天又不是他的生日——所以今天这个安排对孩子的意义显然很重要。她只好安慰他："我想等一下天气就会晴朗了，儿子，我们等一等。”小天根本吃不下早餐，总是不时地看窗外。最后，大家只好将生日宴会改在室内，下午两点集合。中午，天空就开始下毛毛细雨，过一会儿就下起了倾盆大雨。最后只好取消生日聚会。小天伤心地哭了，妈妈看了好心疼，孩子一定失望透了，于是她轻轻拍了拍他的肩膀安慰道：“宝贝，妈妈知道你的感受，妈妈也好难过，你一定很失望。只要妈妈有办法，我一定阻止天空下雨，但是，我也没办法。我们明天还是可以去啊！牧场的人也答应了。”“但是明天又不是我的生日，今天才是，我要今天聚会。”“我知道，可是下雨啊！”“不公平，不公平，为什么这么扫兴？”“乖乖，不要哭，我真的没办法叫天空不要下雨啊！”儿子还是久久不能平静，妈妈看儿子哭得这么伤心，也急得快哭出来了。

其实小天不需要伤心那么久。小孩子对大人的态度，非常敏感，即使他们并没有明显地表达出来。因此，如果我们同情或心疼孩子，他会认为他也应该自怜，而变得更伤心、更难过，不去面对现实，只会使他们更加依赖别人来安慰和同情他。这种态度久而久之可能会养成习惯，他心中会老是惦记着别人好像永远亏欠他。

如果妈妈认为小天无法承受失望的痛苦，她就是不尊重自己的孩子，认为他懦弱，没有能力面对生活。她的态度也会使孩子产生错误的观念。

如果我们不同情孩子，他们会学习自己面对和承受失望的痛苦。

妈妈要是真的不希望看到孩子因失望而伤心，她应该一开始就注意自己的态度。她可以坦然地告诉孩子，生日聚会可能因下雨而受阻，然后和他讨论将计划延期，或改变庆祝方式。妈妈这种顺应天气而做的调整一定能很快得到孩子的同意，而不致使他因失望而太过伤心。儿子生日当天下雨当然会令他失望，妈妈可以尽可能使用这种应变的方式来帮他减轻失望的沮丧感，如果不采取适当地同情，只会得到反效果。

错误的同情所造成的只能是伤害。

事实上，除了公式化的关心与保护孩子之余，我们还应该学着关爱和鼓励他们以克服困难为荣，而不是同情他们。

给孩子悲伤的权利

你不可能保护和照顾孩子的一生，所以从小为他们培养信心和勇气，才能让他们无畏地面对未来的人生。如果你希望引导自己的孩子勇敢地接受生命的挑战，如果你希望他们能从克服困难中得到满足感，并且更有能力和信心面对未来的一切，你就必须超越自己内心的不忍和同情。首先你必须了解并避免陷入同情的陷阱，不要冲动，然后再冷静地帮助孩子勇敢地面对一切。

对孩子怜悯的表现只能使他们变得意志消沉。我们必须坚强地告诉他们面对这种不幸时所必须具备的勇气和态度以及对未来的展望，以此让孩子们的生活和精神再度步入正轨。

天有不测风云，人有旦夕祸福。在生命的过程中难免会碰上不幸的事。成年人似乎理所当然地该承受任何悲剧的发生，而且必须勇敢地面对它。一般人都认为悲剧如果发生在天真无邪的孩子身上是非常值得同情的。然而，你善意的怜悯可能为小孩子带来比悲剧更有害的后果。大人如果一味地同情孩子反而会使他产生自怜的心态，而且可能一生中都会存在这种病态的心理，进而产生逃避责任和怨天尤人的人生观。

我们需要做的是帮助孩子学习如何接受并有效地度过悲伤的时期，那样他既不会否定自己的情绪，也不会被悲伤击垮。

当悲伤的事发生时，比如宠物死掉或朋友搬走，请让你的孩子去体会难过的感受。不要催他马上走出悲伤，不要一下子就想让他心情愉快起来。相反地，你要去接受他的情绪，“失去所爱的人都叫人难受”，讨论那种情绪，“我了解毛毛的点点滴滴，此刻都历历在目”。感同身受地陪坐在孩子身旁，想哭就让他哭一会儿。

最后，悲伤过一段时间之后，轻轻地点出“安慰别人总是出于善意”的想法，然后商讨可能会发生的状况。

要注意你不是想要让他忘却悲伤，而是要教他如何去处理。

“我了解你会想念毛毛，现在不管做什么都不可能改变这个事实。不过，我认为你一定要对自己好一点儿。我们来烤你最爱吃的香蕉蛋糕，你会舒服一些的。”

最后，斟酌孩子的年龄。年纪非常小的孩子不会太过悲伤，因为他无法体会失落的全盘感受是什么。他会在不同的时间，用不同的方式体验自己的悲伤。让年纪小的孩子自定步伐的急缓是非常重要的，这个技巧的重点就是你要接受孩子的悲伤。

这个方法不仅可以激励孩子清楚明白地体会悲伤的感受，同时也为将来小孩面对复杂痛苦情绪的时候，铺陈一个健康的处理基准。借由教导小孩面对悲伤，你是在帮他面对自己的情绪，而不是掩藏自己的情绪。你是在保护他，以免当情绪转化成敌意或焦虑时，使他再受情绪的波动。

看着孩子受苦当然很心疼，不过痛苦都有结束的时候。如果你急于要他从不幸当中跳脱出来，你只是让自己不用因小孩的痛苦而痛苦，而不是在帮他。不管怎样，他的痛苦反正也不会因此消失。最后，弄巧成拙，你可能已经制造一个更加长远严重的问题：你的孩子无法面对自己的情绪。到头来，如果你只是用安抚的方式来协助孩子，只是让他依样画葫芦。当然，悲伤可以用一些喜悦来中和，事实上也应该如此才对。

你当然希望孩子对生命抱着积极乐观的态度。不过，你没让孩子在适当的时机和终将面对的时候体会到生命不是一直一帆风顺的话，就等于在帮倒忙。到头来，一样痛苦。借由鼓励孩子诉说自己的痛苦，你等于是适当地教导他悲伤是生命的一个历程。你不可能帮他消除，你也不想这么做。你当然不想看见他受苦。不过，情况许可的话，他必须“自拥”这样的情绪。假装事情不会这样是没有道理的。

最后，建议他（加上你的协助）找出自我平复的方法。你等于是告诉他，他不应该被这样的情绪击垮或牵绊。他应该让自己减轻痛苦，这不是去忽略悲伤，而是找到一种更好的方式去处理它。

你希望孩子明白他有悲伤的权利，不过他绝对有选择悲伤与否的自由。只要他认同悲伤，他就可以沉浸其中，或是他也可以多花点儿心思去接受其他的经验，让自己快乐起来。

不要过度的紧张和过度的关心

妈妈的管教方式是一门艺术，拿捏的方寸全在妈妈手中。过度的紧张和过度的关心对孩子都是一种伤害。其实，如果妈妈能够放松心情，相信自己的孩子，留给他们一片属于自己的天空，这才是做到了真的关爱他们。

要知道，过度的关心是一种伤害。

五岁的小雪和七岁的小莉是一对小姊妹，她们眼睛瞪得好大，站在厨房前看见妈妈正用磅秤在称巧克力。小莉看到妈妈又放了两颗巧克力在秤上时就吵闹：“妈，小雪这一堆比较重，这不公平，我也要和她一样多。”妹妹得意地说：“一样多，一样多。”

“不，小雪，小莉说得没错，我再称一次。”妈妈于是又继续称，以确保两个孩子所拿到的巧克力重量完全一样。

妈妈过度拘泥于公平的态度。她这种过度的关心对孩子是一种伤害。她等于有意增加两个小女孩之间的竞争和冲突，制造紧张气氛。这样每一个人都会对妈妈的每一份关怀和照顾斤斤计较，这令妈妈对自己的公正态度感到彷徨，怎么会造成这种情况呢？

她误以为对孩子一定要“公平”并表现出绝无个人好恶，但是谁能随时做到绝对公平呢？妈妈能够对每件事都这么公平？妈妈这种过度苛求的做法只强调了“接受”的观念，而缺乏“施予”的宽容，反而使小雪和小莉都不快乐。

妈妈应该放松心情，不要紧张，不要刻意表现公平。如果她决定给每个孩子各两个巧克力，那么这样做就没事了。如果她们为了大小、轻重而争执，妈妈可以退出这个争执的情况——到洗手间躲起来，必要时让她们自己解决问题。

妈妈带五岁的杜拉去逛百货公司。孩子总是落在她后面，因为她在每个橱窗前都要停下来看到满意为止。当妈妈停下来买东西时，杜拉就到处乱走。所以妈妈要花一大半的时间来看好她。结果她还是走失了，妈妈非常着急。最后找到她时，妈妈才惊魂甫定地说：“哦！杜拉，你真是要把我吓死了！从现在开始不要离开我身边，我不希望你再走失了。”孩子不明白地瞪着她的大眼睛望着妈妈。

杜拉只是在和妈妈玩儿捉迷藏，她一定觉得看着妈妈着急的样子很有趣。杜拉是不会走失的，她很清楚妈妈在哪里。

其实妈妈根本不必太紧张杜拉会走失，她可以花点儿时间来训练她的女儿。她们可以真的玩儿一场捉迷藏游戏。如果妈妈发现杜拉没有在身边时，她可以冷静地不让杜拉看到她。当杜拉知道妈妈不会来找她时，她就会回到原来离开妈妈的地方。知道妈妈不见了，她一定会开始担心并自己去寻找。妈妈可以继续不让她看见直到她真的紧张。然后妈妈可以悄悄地故意让孩子看见她，不过最好假装正要去买东西，当杜拉哭着向她奔过来时，妈妈不要太在意她的惊吓，淡淡地说："妈妈也找不到你。"每次出去逛街时，只要孩子到处乱跑，妈妈可以屡次尝试这种方法，她一定很快会随时注意跟在妈妈身边。当然，使用这种方法的前提是你确定孩子在你的可控安全范围内。

的确，妈妈根本无须过度关心和担心你的孩子。否则，会使他将你的担心作为吸引你的注意和挑起权利争执的工具。如果灾祸真的来临，你再担心也避免不了，最好的方法就是信任你的孩子，不要紧张，如果真的遇到灾祸时，你才能平静以对。

如果仔细想想，你会惊讶地发现你竟然担心孩子这么多的事情，担心他们养成坏习惯，担心他们有不良的想法，担心他们的道德观念，担心他们的健康，担心他们会发生什么不幸……你激励，甚至压迫他们在学校有良好表现，以便取得好成绩，督促他们去参加"有益"的活动。你已不知道他们的任何想法，好像认为自己的孩子天生有多坏，一定要你随时跟在身边督促他学好。你总是处心积虑地想要走进孩子的生活。其实，如果你能够放松心情，相信自己的孩子，留给他们一片自己的天空，这才是真的关爱他们。

这种过度关心的错误观念是由于你真的不知道该怎么做。总之，你不需要"关照"所有事，甚至鸡毛蒜皮的小事。如果你保持轻松的态度，很多问题都会迎刃而解。苛求完美只是白费心机，你永远无法成功。

避免过度保护

妈妈不能也没有必要保护孩子的一辈子。孩子必须要有独自面对生活的勇气和能力。妈妈过度保护孩子会使孩子永远无助地依赖妈妈，或是引起孩子的反叛心理。

苏霍姆林斯基说过："假若孩子在实际生活中确认，他的任性要求都能得到满足，他的不听话并未遭到任何不愉快的后果，那么他就渐渐习惯于顽皮、任性、捣乱、不听话，之后就会慢慢认为这是理所当然的。"

"小强，小强。"妈妈站在门口喊七岁的儿子，他正在街口玩儿得很起劲儿，所以妈妈喊了半天都没有回答，她只好走到儿子身边："小强，你该加件毛衣吧？今天早上天气有点儿凉。""妈，不用，我不冷。""嗯，我想你最好加一件毛衣，或者我帮你拿。"妈妈回到屋里，拿了一件毛衣，又回到他身边，帮他套上。

这个对儿子过度保护的妈妈很权威性地替小强决定他身体冷、热的时刻。小强选择接受了她的决定，这样至少可以让妈妈不停地关注他。其实妈妈没有必要这么照顾他。既然她认为他需要加一件毛衣，而他表现得无动于衷，就可以迫使妈妈帮他回去拿，妈妈其实并没有发觉儿子这种潜在的心态。

妈妈想保护孩子避免他们受到伤害，这自然是很正常的心态，但是妈妈做得过头了，对孩子过度保护，这则是一个危险的信号。

我们不可能保护孩子一辈子，而且也不该如此。你应该训练自己的孩子，使他有勇气和力量面对生活。妈妈这种过度保护孩子的行为可能会造成他今后的受挫，使他永远无助地依赖别人。

妈妈这种过度关心的做法使孩子永远保持对自己的依赖，因此你在孩子心目中便可以永远扮演伟大万能的保护者的角色，使孩子永远听话。但是现代的孩子根本无法忍受这种压力，他们会反抗。

形成你过度保护心理的第二个原因是，你不相信你自己有能力解决所有的问题。因此，你更不相信孩子有能力照顾自己。

小孩子对妈妈这种过度保护的行为所采取的态度视他的目的而定。最危险的反应便是显得完全无助。由于他的能力无法完全得到肯定而一再产生挫折感，因此他可能完全放弃努力，而期望永远受到保护，免于面对生活上的困难。

激起他的斗志

孩子虽小却有巨大的学习与发展潜力，这是为现代科学所证明了的结论。妈妈还应相信，每个孩子都有一颗向上的心。有些妈妈常因孩子年龄小而代替他们做许多事情，这样孩子就会缺少责任感。凡事依靠妈妈，久而久之便难以建立起自信。为此，妈妈应视孩子年龄的大小、能力的强弱，有意识地让孩子承担一些责任。如让孩子自己吃饭、穿衣、系鞋带、收拾玩具和书包、整理自己的床铺；让孩子做各种各样力所能及的事情并要求他完成好，这样不仅能锻炼孩子的动手能力，还可使孩子从中获得自信，确信“我能做好”“我有能力”。

让孩子有机会尝试失败的滋味

人难免总会有失败的时候，让孩子有机会尝试失败的滋味也未尝不是一件好事，他们只有经历了失败，才会觉得成功的可贵。他们只有现在多经历失败，才能在以后的生活中减少失败的次数。

当然，孩子对失败的承受能力肯定远远不如大人。他们容易产生挫折心理，从而对生活失去信心。所以，妈妈对待孩子的挫折心理必须要适当运用鼓励和赞美。

小文在幼儿园里便是一个有名的“怕怕虫”。当其他小朋友兴高采烈地玩儿游戏时，他总是站在角落里看别人玩耍。别的小朋友一邀请他加入，他就马上逃跑，还连忙喊“不要，不要”。遇到新游戏，他也总是说“我不会”。入小学后，他先是拒绝上学，后来就算到了学校，也是沉默寡言。妈妈耐心询问后才明白，原来，孩子是担心失败后被别人取笑，便产生“不做不错，多做多错”的想法，丧失了尝试新事物的兴趣，以保持缄默来封闭自我。

其实，犯错误是很好的学习机会。许多妈妈在孩子犯错误后，往往大加谴责和恐吓。这种做法的出发点是阻止孩子再犯同样的错误，但这样做常常达不到理想的结果，反而会适得其反：孩子们或因害怕受责备而不敢冒险，失去学习新技巧的热情和胆量；或产生反叛心理，反其道而行之。其实如果处理得当，可以将犯错误转变为绝好的学习机会。所以，当孩子自动想要尝试新事物时，大人就算已经预知会遭到失败，仍应该让孩子去试试看，也就是让孩子有机会尝试失败的滋味。

让孩子承担一些责任

教导你的小孩学会生活的技巧，同时督促他懂得自我负责，这些可让他终身受益。很重要的是要让他自己学会承担责任！并让他明白正反两极的行为所招致的后果。

有时候，你的孩子不准时完成作业，你认为他需要具有积极的社会行为，他却不听从你的建议，做长篇报告时，拒绝你的协助，但他的进度又明显落后，尽管你警告他，他还是照旧。

如果你的小孩不理会你的提醒，例如，提醒他时间快来不及写完报告，或是他老是这样跋扈的态度会没有朋友，那么你就可以采取“后退一步”的做法。争辩之后，他就需要为自己的行为负责。这时，需说服自己让孩子“自食其果”是教养子女过程中必要的环节。最终，他只能自己约束自己的行为，你越早让他自己承担责任，他就越快学会自己帮助自己。

然而，当你的孩子面露难色时，你应谨守一个大原则：不要直接就对他说“我老早就警告过你了”之类的话，要温柔地重复提醒他未来将会发生的状况。比如：“你的自然科学实验还有两个星期就到期了，等你最后的这份作业完成，我会帮你计划如何按时做完作业。”

这就是说你要协助你的孩子对自己的行为负责，并运用自主的精神去迎接生命的挑战。

当你不断地与孩子争执，认为他一意孤行会给自己带来不好的后果时，你只会转移他的注意力，令他只想要吵赢你，而使他忽略了行为本身可能造成的后果。只有让你的孩子亲自处理自己惹的麻烦，他才会被迫认清事情的前因后果。假如你不断地介入保护他，他就永远无法实际地看清自己的行为和周遭的世界。

有时候人就需要体会自己的抉择所招致的负面影响，这样才能获得更具建设性的经验。不断地与孩子争执，只会让他想争辩，徒然让他产生错觉，认为事情都是这样处理解决的。他根本不会在乎个人的成就感，而且也会让他处处依赖你。让他遇到难题他才会仔细思考自己该怎么处理事情，若是他不处理，又会有什么后果。

孩子必须学会自立。他是独立的个体，你也是。

接受必然结果的观念是一种思想上的革新。我们应该都很清楚，我们不再生活在专权的社会中，而是民主的时代，必须“引导”孩子而不是“控制”他们，必须鼓励孩子行为端正，而不应该强迫他们。我们必须熟悉、培养这些新的管教技巧直到我们能运用自如。调整这种心态并不容易，我们需要付出更多的心力和精神，但却不需要身涉其中。例如，一个喜欢睡觉的孩子，一定常常上课迟到，而且还要忍受老师的坏脾气。这种不是来自妈妈的权威而是来自现实的压力的必然结果，对小孩子通常会有很多的影响。相反地，如果设用必然结果为一种吓阻力量，反而会出现反效果。

妈妈要有点儿幽默感

大家都知道说笑话的技巧。说笑话时，时机最重要。它能让听者放松心情，让大家开怀大笑。当然，同样的笑话不能重复说给同一个人听，也不能对极度沮丧的人讲笑话。

有的时候妈妈总是以表示不满的方式来改变孩子的行为，例如，面对脏乱的房间、没做的家事、没做完的功课妈妈会大发雷霆。但是当孩子非常沮丧的时候，反而是个运用幽默感的好时机。

这里要说的也是一样的事实，妈妈不能常常运用幽默感来处理相同的状况，因为那样会失去效果，偶尔利用才能收效。运用的时机也必须小心选择，面对状况时要用幽默感还是轻松的意见，你必须自已去把握，时机必须拿捏精准。

假如你孩子的房间每天早上都乱糟糟的，你每天都得不耐烦地对他大声嚷着：“在你吃早饭之前把房间整理干净。”有天早上，你试着幽默地说，“噢，我的天啊！”边说边看着那一团乱，“真是可爱，你可以让它再乱一点儿，乖乖，我的意思是那个角落好像还没有玩具”。然后对孩子促狭地笑笑说：“亲爱的，把它清干净。”然后就走开。

假如你的孩子对某些你觉得很愚蠢的事情感到很沮丧，你也可以运用幽默感，但你必须先让孩子知道你了解他的感受。也许有人说他是笨蛋，让他很伤心，让他知道你认为这样是很卑劣的，你不会怪他心情不好，向他解释有些人经常会以他们自己心里最害怕的事来指责别人。让这件事沉淀一下之后，你可以拍拍他的背，开始滑稽地按摩他的头皮说："让这头脑聪明无比！"假如你的孩子真的对某件严重的事感到相当沮丧，幽默或轻松的意见只有在孩子平静下来愿意和你讨论后才能发挥效用，也许她是她那堆朋友之中唯一没选上啦啦队的，在她哭完以及讨论完生气和受伤害的感觉之后，你可以试着说点儿轻松的，譬如说："你可以这样想，你可以坐在看台上任何一个你觉得很可爱的男生身边，而你的朋友只能在场上纳闷你到底在做什么！"

然而，当你使用幽默这个技巧时，要特别注意你的孩子。孩子的年龄或他所面对的情况不同，有些时候，幽默会被误解为讽刺、嘲弄或揶揄。假如真的发生这样的情形，赶快跟孩子解释你为什么要这样说："我知道你心情糟透了！但是我只是试着要让你知道，有时候坏的事情也有好玩儿的一面。"然后重复说："我并不认为你的沮丧是件可笑的事。"

在不同的情形下幽默感有效的理由也不同。

假如孩子家事没做，房间乱糟糟的，功课写得很草率，或是让浴室地板上淹水，而你习惯用尖叫的方式来处理，偶尔突然用点儿幽默感会让孩子放松。与其恶性循环的争吵，让你们互相敌对和愤恨，不如幽默一下。幽默通常可以让每个人都感觉比较愉快。换句话说，他就不会和你角力，而是会努力地去完成手边的工作。

在只是一点点儿小事却引爆出怒气的情况之下，一点儿小幽默会让大事化小，小事化无，并且显示出这问题的荒谬性。许多孩子并没有经历过深深的伤害或哀痛的事情。当他们碰到挫折时，幽默感或轻松的意见能让孩子减轻痛苦，并且让他们免于绝望的感受。

有的时候，生活中有些事情会变得很艰难，有些事是我们不想做可是却必须去做的；有些事会伤害我们；也有一些事太痛苦，令人感觉仿佛无法活下去。

但是人是可以存活下来的，这少不了幽默感的帮助，它能舒缓紧张的情绪，带来生命中明亮的一面，增加你应对的能力，让痛苦的想法及感觉暂停，即使只是一瞬间而已。

重视使孩子痛苦的情况，你就会尊重他感觉糟透了的权利。选对时机运用幽默感，你就可以让孩子感觉，他有去处理状况及自己感受的掌控权。即使在最黑暗的时刻光线都可以穿透。

A GOOD MOTHER IS BETTER THAN A GOOD TEACHER

第四章

给孩子一点儿空间，让孩子自己长大

每一个做妈妈的对子女的培养和教育都十分用心，为了培养孩子成才，她们甘愿不辞辛劳，费尽心血。但是却并没有取得相应的成效，其原因就在于孩子的妈妈没有以一个实践者的心态来教育孩子。

有一句格言说“欲速则不达”。有的妈妈为了让孩子喜欢学习，采取了一些急于求成的方法，给孩子施加压力，强迫孩子去学习，这样只会给孩子造成心理负担。如果我们能改变一下这种状态，那将是简单教育的一条捷径。

给他一点儿自己的空间

与大人一样，孩子也是一个独立的个体，他们有权拥有属于自己的空间。只有在一个完整的空间里，孩子才会形成其完整健全的个性。我们可以想象得到，在动物园里长大的小老虎根本就不具有狩猎的能力。

尊重孩子长大了

妈妈也许会发觉，尽管过去对孩子的奖赏很有一套，然而往往在孩子进入青春期时便面临相当的考验，以前孩子甘之如饴的奖赏，此时他可能有嫌恶的反应，到底是为了什么？

青春期的孩子自我观念强烈，对妈妈的要求和期盼往往会加以反抗，但这也表示孩子已经长大了，对事物有了他自己的看法。

面对青春期孩子的反抗心理，妈妈其实不必过于紧张："事实上，如果过去的所有奖罚都适当而且合理，孩子的行为应当早已受到良好的熏陶成型，往后他还是不会脱离基本的轨道。所以，最重要的还是在于对幼儿的训练过程。"

青春期的孩子不接受妈妈的奖赏，大部分问题在于妈妈的表达方式，孩提时代被大伙儿称赞的骄傲滋味，现在对他来说可能是一种莫大的耻辱，或许是因为害羞，或觉得太与众不同了，于是就加以拒绝。所以，妈妈应该改变管教态度。面对青春期的孩子，妈妈要站在帮助他判断是非善恶的立场上，辅导他对事物的处理和解决之道。对于奖赏，精神上的要比物质上的更来得有效果。

从这个阶段起，尊重孩子是独立的个体，培养他的责任感，才是妈妈最重要的任务。

给孩子一个自由的空间

杂志上所有那些带有单独居室甚至带有整个厢房的房子，对孩子们来说是最可爱的。但是对于大多数住在公寓里或者小房子里的家庭来说，甚至要有一间游戏室都只是梦想而已。孩子们都喜欢积攒各种各样的东西，并经常为之与父母发生争论。

那么，面对你现有的条件，你能做什么呢？你可以日复一日地绕过堆在地板上的杂物；当孩子们互相喧闹的时候，你也可以对他们大喊大叫。但是，你也可以发挥创造力采取主动来使你与孩子在一起的时光成为一段较为快乐的经历。

首先问一下孩子们，为了清理乱七八糟的物品让家里整齐漂亮起来，他们认为应该做什么。请注意：孩子们可能对他们散乱的物品感到相当满意，所以妈妈需要准备好说服孩子的理由，要给孩子们明确指出杂乱的物品确实给家中其他成员带来了什么不便和感受。

为孩子提供一个特定的活动空间。

这个空间的大小要根据自家的情况而定，可以是孩子坐在床边用的膝头垫板，或是一个小桌，如果房间的规模允许的话，还可以弄上一个活动的放置书籍和玩具的陈列架。要注意，一定要让孩子能够得着，以便玩儿后自己能摆放好。

再试试这个办法，把一小块儿彩色地毯铺到地板上作为孩子的活动区。这样一来，就会减少孩子们在大房间里向往占据相对大的活动空间的倾向。

请给孩子一些隐私权

借由给予小孩自己可以是独立个体的概念，你也是在帮自己的忙，他比较有可能直觉地体会到，你也需要有自己的隐私，在你的家庭里，界定界限变成了生活的一种方式。

我们可以用这个原则来处理小孩的玩伴问题、日记、私密的问题、特别的玩具、电话中的对话、内心的想法、对私生活的好奇……请给孩子一些隐私。

想想界限的问题，想想你和小孩儿之间的界限，或是小孩儿与小孩儿之间的界限，就可以体会到你们是不同的个体。身为妈妈，这样的思考意味着许多事情。

◇ 包括你对“孩子状况”的好奇和无尽的关心，如果你的小孩和朋友讲悄悄话，别问他谈话的内容，如果他回到家心烦意乱，不想说话，也别强迫他。

◇ 要清楚一件事，就是他的许多想法、情绪和体验都不需要跟别人分享，如果他愿意分享，他可以自主地选择在何时、跟何人讲。“我知道你心里头有事，”你可以这样说，“如果你想跟我说，我很愿意听，不过我不会逼你讲，你有权保留自己的心事。”

◇ 积极鼓励小孩，防护自己的私有空间，让他知道有些事物是完完全全地属于他自己所有。有些事是不需要跟兄弟姐妹分享的，某些玩具和衣物由他全权处理，跟兄弟姐妹分享固然很好，但不必过分强调。让小孩“拥有”自己的事物，同时也教导他们对自己负责。

◇ 当他说“事情就是这样发生的”的时候，要宽容他有权在他准备好要表明心意的时候才说，而不必在意他是不是拖了太久才说，搞得你愤怒苦恼。

◇ 进孩子房间前先敲门；不要偷听他们电话交谈的内容（除非他们摆明要让你偷听）；别去偷看已经上锁的日记，不要突击乱翻他们的抽屉。这样可以显示出你尊重孩子是一个独立的个体。

◇ 除非他们真的不需要你，否则请容许他们把你摒除在外。如果他们说：“我不想告诉你，我现在很烦，我要打电话给朋友。”那你就暂时退出来，不要坚持他没有是什么不能对你说的，没有什么是你解决不了的，或许某些时候你置身事外对大家都好。身为妈妈，你很难客观。

◇ 了解自己何时置身其中才是最为恰当及必要的。当你要收拾换洗衣物时，却发现你十二岁孩子的抽屉里有烟，这时就不是谈尊重隐私的时候了。隐私是项权利没错，不过也是一项礼遇，不管是为了他自身或是你的缘故，孩子是不允许滥用这项礼遇的。

这个方法奏效的原因：你给孩子他所需要的东西。当孩子渐渐成长，他早晚会离开你，这是自然健康的过程，虽然你和他曾经历许多矛盾。可是，分离是一定会发生的，如果没有养成独立自主的精神，成长的过程会使他经历很深的罪恶感、恐惧和愤怒。之所以会如此，是因为他想脱离你可是又不能，因为跟你有太多的联系，如果你们分开的话，一方或是双方是会崩溃的。而他会愤怒，是因为每个人都需要独处的空间，若他没有这种机会，他会感到受侵犯。

界定并且树立界限，可以保护每位家庭成员的隐私空间，也有助于小孩儿在与你分离独立的过程中，培养自信心、强烈的自我价值和尊重他人与自我空间的健全态度。

当他开始表明一些玩具只属于他的时候，你等于是赋予他这样的权利；你不会去翻他的日记，等于告诉你的小孩儿，虽然你身为妈妈，但是你管束他的权限也不是毫无底线的。了解这一点的话，会让他比较容易与你分享。如果你让孩子保留他的想法，你是在告诉他，他是一个独立的个体。如果他想告诉你心里头的事，你很愿意听，因为你想帮他，而不是你“一定”要知道。你只能从旁支持，而不能变成他全盘依赖的对象。

尊重孩子的隐私乃是尊重他是一个独立个体的行为表现。

让他拥有隐私，从深一层的意义来说，你表达了你愿意让他自由发展的意愿和信赖，你告诉他，他可以成为自己的主宰，他不需要活的像你或为你而活，他不需要用一切来填补你的需要，或是表现出他需要你来满足你的快乐。

让他拥有隐私，在他急需你的时候，会让他能心悦诚服地投向你，他不必担心被你的需求或期待折磨，他也不会感到被人追着跑，或逼到角落去。他觉得安全，因为他知道依靠你不是放弃什么，而是一次学习、接受安慰和呵护的机会。你不希望让孩子觉得他必须照顾你，这是他无法胜任的角色，尽管他可能非常努力地在做。教养子女必须花许多心血，参与他的生活，不过有时候却也需要抽离。有时候，最佳的教养方式就是什么都别做。

让孩子活得更轻松

妈妈是子女生命中最强大的力量，妈妈的爱与宽容是孩子健康成长的保证和未来生活的动力。

现在正在倡导的情感教育，正是想通过父辈告诉孩子们“人人对别人都应该友善，这是做人的一个基本道理”。而在一个爱与宽容的环境中成长出来的孩子会更健康乐观地面对未来生活中的一切。

对孩子多一点儿宽容

大多数的妈妈花了太多的时间去注意孩子的不良行为，结果到最后她们只会注意到她们不重视的事，而忽略了她们所要强调的目的。

孩子不像妈妈以为的那样知道得那么多，在没有人教育的情况下，他们不知道要分享，要感谢别人的馈赠，主动将房间打扫干净等。孩子无法立即了解这些是值得赞许的行为，因此，你需要用赞美来强调这些值得嘉许的良好行为。

孩子时刻需要你对他的注意。譬如，当你们两个正聊着天儿漫步穿越公园的时候，对他说："哇！你真棒，能走这么远的路。"每天非常自然地表露出对好的行为的赞许，自然地将注意力放在良好的行为表现上。赞美称许的话对增强这些行为是一种很有力的方式，"你们两个今天在一起玩儿得真好，让我真是印象深刻"。

当你想给予孩子小特权或特殊待遇以强化良好的行为时，给他一些非实质的奖励是个不错的开始。"你今天在奶奶家真有礼貌，我真是以你为傲，你可以去挑我们今天的晚餐吃什么！"

面对年纪较大的孩子，要留意孩子是否准时熄灯就寝，作业是否完成，因为这是个好机会，让孩子明白他负责任的行为和你愿意多给他一点儿自由这两者之间的正向关系。"你真是个负责任的人，所以我会比较愿意答应你做别的事情的要求，我真的希望你过得快乐。"

然而，假如你似乎很少有机会可以说出称赞的话，或者事实上你总是注意孩子的错误，此时评估你本身的期望是件很重要的事。很有可能是你的期望太高了，你可能需要开始学着称赞他那些并不符合你标准的行为。你的孩子可能没能在傍晚的时候，照你希望的打扫好房间。但是假如他记得将书放到架子上，鞋子放到鞋柜里，积木放到盒子里，这就已经足够能赢得你对他的赞美。常常挑剔孩子的错误，可能表示你太吹毛求疵了。有些错误在老师或朋友的鼓励之下，留给孩子自己去改正比较好。妈妈干涉太多，只会增强孩子的抵触心理。

让他学会自我欣赏

有件事很重要必须谨记，孩子的内心永远在“交战”。既想要和你亲近又想要离开你独立，倘若你太过投入，会让孩子抗拒你，即使在他很需要你的时刻。

有的时候孩子宁愿受到负面的注意也不愿你不关注他。赞美能让孩子避免用负面的方式来引起你的注意。人们受到称赞时能表现得更好。赞美能鼓舞人心，建立自信，让人感觉很舒服。

假如你发现你一直在批评你的孩子，以至于你无法看到孩子可爱的一面，这个教养绝招可以帮助你放慢脚步，用较不苛求的观点去考虑事情。假如你要找出孩子的优点，毫无疑问地你会找到。由于你的赞美，孩子不仅会特别表现出你所重视的良好行为，他也会在其他方面表现出更多的正向行为。

较大的孩子可以很清楚地看出他成熟的行为表现和伴随而来的特权之间的关系，察觉你对他的尊重、信任，并能善于应付突发的情况。孩子很容易会觉得自己什么事情都做得不对，赞美可以给予他们自信的力量。

幼儿需要你的赞同，这是发展正向自尊必备的元素。当你称赞孩子的某种行为或人格上某一项特质时，他们不仅仅会更清楚地知道你重视的是什么，也会感觉到自己受到赏识。你发现自己不需特别的努力或尝试，孩子很自然地就表现得很好，这是一种很棒的感觉，这能增强孩子的基本自我概念。

将你把焦点放在好的行为而非坏的行为上，也就等于是在告诉你的孩子“我看到了你的全部”。当你的孩子发现你注意到并且对他的优点感到高兴，他就不会用负面的方式来吸引你的注意。他会对你看待他的方式感到很自在，因为你在他身上所见到的，能使你们两个都觉得很愉快。

记住你的孩子不需要也不应该觉得自己必须完美，你也不该如此看待他。然而如果你长久对孩子持否定态度，会让孩子以为完美才是你想要的，他曾因此感到悲伤，因为他一点儿也不符合你的要求。同时注意孩子的优缺点，传达的这样潜藏的信息给孩子，就使他可以同时拥有许多可能性，这些可能性是不会互相抵触的。

妈妈知道他觉得自己很棒，因为妈妈降低了她的期望，给他容易达到的目标。仅仅告诉他将房间清理干净，对他来说是件太复杂也太孤单的工作，会让他觉得没有自信，无法胜任。把工作分割一下，会让他觉得自己掌控得了，同时也给他机会去欣赏他自己的能力。

不要死守原则

生活充满变数，妈妈不要死守原则。变通是信任和了解孩子的一种表现，这就意味着妈妈能倾听和关注孩子。没有任何规则比孩子重要。妈妈并不一定总是要在每一次争辩中获胜，当你的孩子有需要或愿望时，规则是可以推翻的。

有的妈妈认为妈妈要有自己的威严和权威，说一不二，否则孩子就是不听话。这是很有道理的，但是，生活有时候并不是一成不变的。有时候特别的要求、特别的场合、出其不意的惊喜、危险和其他的情况，这些对一成不变的规则都是挑战。

生活中很多事情是不可预期的，妈妈不要死守规则，但是同时也必须解释清楚为何破例这么做，并且如果必要的话，要附带做个约定。“好的，这一次你可以出去和朋友的家人一起吃晚餐，因为我知道你最爱吃日本料理，而且你的家庭作业几乎全做好了，但是你回家后要把它全部完成。”

你年幼的孩子或许明天会再要求多一块儿饼干，多看个电视节目，你只要清楚地告诉他，“我昨天多给你一块儿饼干是要奖励你帮妈妈清理了你的衣柜，但是照规定只能吃一块儿饼干”。假如他发脾气，你只要简单地说：“我的规则是有点儿弹性，你就要这样的话，那下次再也不会有例外了，所以请你停止这样。”

即使是年纪较大的孩子也可能会得寸进尺，马上要求你再破例一次，如果他这么做的话，先将你即将来临的慌乱放在一边，试着去倾听特别的状况。有些时候连着两次例外是必要的，但是如不是这种情况，就需要说“不行”并解释清楚为什么，“上星期我让你和朋友外出的时间比平时长，是因为你们庆祝棒球队的胜利，但今天并没有特别的理由，你必须去把功课做完。”

最后，考虑到两难的情境是非常重要的，这个两难的情境指的就是当你碰到某种情况时，你觉得原则相当重要，但是为了帮助你的孩子，又必须修正原则。修正就修正吧，但是要有原则。可能你六岁大的孩子很害怕去探望生病的奶奶，但是你又觉得这很重要，所以你一个月带他去探望奶奶一次，可是他现在正处在一个困难的关卡，请不要催促他，即使对你来说家庭价值是相当重要的。你可以让他这个月不要去，但要他画一张奶奶的画像，替他带给祖母看。你可以对他说："我认为你应该去，可是我知道你很困扰，这对你来说更重要。可是，你可以做一些让你不那么沮丧的事，同时也可以让奶奶开心的事啊。"

当妈妈害怕失去主控权，而且不管在什么情况下都严格执行规定时，等于是在抑制孩子。他会觉得自己对任何事都没有发表观点的权利，而且他会认为他生命中的某些特别的时刻还没妈妈的原则重要。长久的严格控制只会造成更强烈的反弹和愤怒，甚至沮丧。缺乏弹性的对待方式，对孩子毫无尊重可言，同样也会造成混乱。不能理解现实生活实际的妈妈是会相当受挫的，孩子也会觉得失落，因为他生活在不可预期的世界里，却必须遵循僵硬不能变通的规则。

变通是信任和了解孩子的一种表现，那就意味着妈妈能倾听和关注孩子。没有任何规则比孩子重要。妈妈并不一定总是要在每一次争辩中获胜，当你的孩子有需要或愿望时，规则是可以被推翻的。

由于妈妈有弹性的做法，孩子会觉得他是有权利的，他可以把他的特别需求向妈妈提出来，而妈妈也要学会倾听。这意味着他勇于表达争取自己的权益，而且有时是会成功的，当他不愿说时，这是个关键，表示他不喜欢被击败或被轻视。他对妈妈说"不"的时候你可能会不高兴或不全盘接受，但是你必须以善意来回应他的不满，他会记得有些规则有时确实要有所变通，并且了解并非每次妈妈都同意变更规则。所以不要担心失去妈妈的控制权，孩子也不会想要这样的。

要知道世界不是"非黑即白"的，它还有许多不同的灰色地带。这传达给孩子一个很重要的信息：弹性做法是孩子奠定对生活真实期望的基础。他会了解好事和坏事都会发生，而人们必须去找出调适的方法。弹性做法也将帮助他和其他人更好地交往，进而建立有意义的人际关系。妈妈偶尔需要将个人的需求扔在一边，要有原谅他人的胸襟。

弹性也能帮助孩子，当妈妈不在身边时，建立自己做决定的技巧。这个信息代表的是，有时候妈妈必须破除成规。从来没有接触这样思考方式的孩子，可能会发现自己陷在某个困境动弹不得，或是对特殊时刻或需求的判断没有信心。例如，某个非常悲伤的孩子，要想得到来自严厉管教家庭的朋友的安慰，可能会碰钉子，因为这个朋友认为他要回家完成他的任务，虽然他会很犹豫。但是对来自有弹性规则家庭的孩子来说，做出此刻朋友较重要的决定是比较容易的。（妈妈应该告诉过自己的孩子，假如他要晚回家，要打电话。）

这并不是说孩子可能会经常认为有些事情是可以破例的，事实上并非如此。学习独立思考各种情况，远胜于只盲目地遵守规定却毫不关心他人。至于到了两难困境，必须视情况而定。假如孩子由于分心而经常迟交功课，你绝不可以每次都帮他。但是，一般来说，假如妈妈平时对子女的学校功课采取“不干涉”的原则，当她头一次突然发现自己无法准时完成作业时，这对妈妈是一个绝佳的机会，可借此告诉她，她对你有多重要。她会明白你会因为爱她，仍视她为好孩子而且愿意改变你一贯的原则去帮助她改正错误。此时，你们之间将会产生某种信任，而那种信任是会持续永远的，因为妈妈会趁机说：“我将你放在第一位。”

下面有一个例子：

妈妈给孩子定了规矩，就是晚餐后只能吃一块儿饼干。然而，妈妈注意到孩子整晚就在那儿跑来跑去，很难安静下来去睡觉。今天晚上很特别，因为妈妈有个朋友来访，他觉得好像在举行派对，于是兴奋地飞奔到妈妈身边，要求说："我可不可以吃两块儿饼干！拜托！"

"嗯……"妈妈提醒儿子，"你知道我通常只允许你吃一块儿。"

"噢，拜托，拜托嘛！"他要求道，"我会乖，我不会太亢奋的！"（妈妈通常会用这个为由不让他多吃）

"好吧！"妈妈说，微笑地看着他。"这似乎是一个特别的晚上，你从来没有参加过晚餐游戏约会，对不对？"

"对，从来没有！"他赞同地说。

"好吧，那么，"妈妈说，"特别的夜晚有特别招待，给你两块儿饼干。"给了他饼干，在他离开前，妈妈轻轻地拍了拍儿子的肩膀，并且微笑地说："要记住噢，明天晚餐后我们就恢复成吃一块儿饼干，对不对？"

"对。"他说。

他可能真的是希望如此，但是假如明天晚上，孩子哭着坚持说，他要吃两块儿饼干，妈妈只要平静地提醒他，昨天晚上是非常特别的，而且已经告诉过他一块儿饼干的规定仍然需要遵守。

"不，你没说。"他坚持着。

"我知道我说了，"妈妈重复再说一遍，并且再告诉他，"请你要控制你自己，否则下次有特别招待的理由时，我可不愿破坏这个规定。"

这应该会有帮助，妈妈让他知道有些时候事情可以如他所愿，有些时候则不是，他必须学着接受。

A GOOD MOTHER IS BETTER THAN A GOOD TEACHER

第五章

对待孩子要像朋友，和孩子一起成长

孩子作为思想与性格尚未完善的个体，他们每时每刻都需要妈妈的关爱与引导。妈妈只有介入他们的生活，才能给他们一些对人生的认识与启示。没有这些启示，他们就会像迷途的羔羊，不知所从；没有这些启示，他们的心灵就会像贫瘠的土地，永远不会开放美艳的花朵，更不可能结出壮硕的果实。

孩子需要我们陪在他们身边，同时我们也需要孩子带给我们以快乐。我们不但要感受到他们的快乐，也要感受到他们的不快乐，这样，你就会发现，家庭是那么的温暖和幸福。

全民动员起来

家庭和谐美满的氛围，需要各位成员共同努力去创造和细心地维护，这在于各成员彼此之间的相互尊重和互动。这不仅要求孩子尊敬妈妈，妈妈也应该尊重孩子和他们的想法，双方形成一种积极互动的关系，彼此之间才能相互了解和相互支持。

要有切实的行动

如果妈妈真的想改变孩子们的行为，她就必须确实采取行动，光是嘴巴说说是没有用的。她虽然不能决定他们的反应，但是她总可以决定该采取什么行动。

“我告诉过你多少次了，上餐桌前要先洗手！你们三个都自己打手心，然后去把手洗干净再来。”三个小孩子故意将椅子往后拉得叽吱作响，然后一溜烟地跑去洗手，妈妈继续喂两岁的小弟弟吃东西。

“我告诉过你多少次……”这几乎是很多妈妈经过多次失望后所发出的共同怨言。这句话的意义只是在表达一种失望的情绪，对孩子的训练几乎没有任何作用。

这三个孩子为什么会一而再地不洗手就上餐桌呢？他们有什么目的？结果是怎么样呢？妈妈应采取什么行动呢？她对这件事的处理，可以说是庸人自扰。开始时，小宝宝已拥有妈妈的注意力，后来她突然注意到另三个孩子的脏手。他们故意违抗规则以便获得妈妈的注意，这种反应是可以预见的。所以当妈妈真的注意到他们的手时，他们当然不会笨得把手洗干净而得不到妈妈的注意。

如果妈妈真的想改变孩子们的行为，她就必须确实采取行动。光是嘴巴说说是没有用的。她虽然不能决定他们的反应，但是她总可以决定该采取什么行动。“如果你们没有把手洗干净，我就不和你们一起坐在餐桌前。”然后妈妈可以把盘子拿开，手脏的人都不准吃东西。如果妈妈再一次发现有人没洗手就坐到餐桌前，她根本就不用解释为什么没东西吃。此后情况就会改变的，他们再也不需要妈妈费心了。

陪在孩子身边

一个人唯有学会勇敢面对负面情绪体会痛苦，才能健康地向前迈进，挥别伤痛。所以，有时当孩子心情低落时，妈妈只需陪在身边，用行动代替言语，用行动来表达你的关心。

当孩子感到失落、失望、伤心、倒霉或是被抛弃时，就可使用这个原则。

这时，妈妈就需用陪伴代替言语来安慰他。如果小孩放学回家后，既泄气又生气，妈妈千万不要打破砂锅问到底，或忙着给他建议，而应该让他去自己体会，自己去感受，你可为他准备一些点心，如果他钻牛角尖儿，哭泣，或喋喋不休地向你吐露心事时，你只要陪坐在他身边就够了。

当然你可以和他说话。但尽量少讲，像“真难受”“我可以理解你一定很伤心”诸如此类感同身受的话可以对他说，因为这些话并不是要求他马上从现在的心境中解脱出来，而是告诉他你一直会和他在一起。尽量不要侵扰他的思绪，让他有自己的空间。不过，你可以用你的肢体语言表达你了解他的感受，且你就在他身边。若是你们俩有共同懊恼的事，比如说，失去宠物，不要害怕让他知道你也很难过。在他平静以后，或发现他好像对别的事物产生了新的兴趣而不再痛苦时，你才尽量给他一些具体的建议。有时，你还可以尝试跟他说："或许我们可以谈谈，如果下次你的朋友再对你那样的话，你该怎么办?"

请谨记在心，有些孩子在生气时是坚决反对有人陪在他身边的。这时你应该离开他们，留给他们独处的空间。但要让他们知道你就在身边，你只是人走开，心并没有离开——"如果你要找我，我就在楼下厨房。"他会了解，虽然你让他独自静静，但更深一层的意义却是他不会自己一人独自受苦。最后一点，若是孩子年纪稍长，好好利用这次机会，和他好好谈谈，使他明白学会如何面对痛苦，不要逃避，是一件极为重要的事。

妈妈们还需注意的是，不管你多小心翼翼地遣词造句，尽量使言语不要伤害到孩子，但言语有时还是会成为一种阻力而非助力。有时，言语介入其中反而会搅乱情绪，在时机尚未成熟之前，就急于要当事人转换心情，往往是不可行的。

事实上，想用理性对抗受伤的情绪，或甚至想仔细地剖析那种感受，只会把小孩推得更远。他或许只是需要一段时间沉浸在那种情绪里，如果他觉得你想赶走那种情绪，那就只会让他更疏远你。同时，他也有可能在那时候并不希望你介入，因为这时你也许会责备他。或者他觉得你想接近他，弄得他很不自在。智慧的言语和崭新的观点，还是有机会派上用场的，不过要在小孩准备好要听你说了或是他要应用时，否则那些言语及观点只会让他感到不被了解，觉得孤单。当然，你也不能让孩子一直钻牛角尖儿，而不运用为人妈妈的智慧，通过一些安慰的话语把他从苦恼中拉出来。只要给他一些时间尊重他（即使整个下午的时间都没关系），你就已经给了他所需要的一切了。

外人一句胜过妈妈十句

大人出去看朋友和拜访亲戚，孩子总是纠缠着要去。但是有些妈妈却很不愿带自己的孩子到别人家里去。他们觉得自己的孩子吵闹不听话，怕惹得亲戚朋友嫌恶。确实，这也是实情。探亲戚看朋友，大人们有大人们的事情、大人们的话题。如果主人家没有孩子，那么孩子没有玩伴，必然会围着大人吵闹，或者到处乱跑，或者好奇地把主人家的摆设东摸摸、西动动，妈妈怕自己的孩子弄坏了别人家的东西，总想制止，于是责骂孩子："在别人家里你也不能安静一点儿吗？"当然，这种责骂通常是不会有很大的效果的。因为孩子知道妈妈在别人家里是不会厉声责骂的。

而且，如果妈妈在别人家里责骂得多了，那家主人也会说："不要紧，没有关系。"这当然也是主人无可奈何的一种客套话。然而，孩子不可能理解到这一点。相反，他们得到主人家的袒护，还会更不听话。遇到这种情况，妈妈不妨趁机问："你们家的孩子是不是也这么吵？孩子这么不听话，你们也原谅吗？"尽管这时主人不便说"我们家孩子没有这么吵闹"或"我们不许孩子这么吵闹"，但是看着对方的脸色，孩子也会体会到主人是不喜欢吵闹的孩子的！这时，妈妈就可趁热打铁说："在别人家做客，是不能吵闹的！"孩子知道没趣，就会听话，规矩了。

同时如果双方能有所默契，对方主人讲一两句"我们家孩子从不吵闹"，那会对孩子的教育更大。利用别人家的规矩来教导孩子，孩子更容易接受些，也比较容易变得有礼貌；因为孩子对别人说的话，比自己妈妈所说的话容易听得进去。妈妈利用儿童的这种心理，经常带孩子到亲友家走一走，让孩子学习礼貌规矩，不失为一种教育子女的好方法。

把他当作朋友

孩子们都想和妈妈站在同一个立场上，这让他们感到“被了解”。

爱默生曾说过：“被了解是件奢侈品。”的确如此。孩子需要被了解，并且是朋友般的了解，妈妈只有把他们当作自己的朋友，才会为他们所接受。否则，你就无法和孩子建立起健全的关系。只有朋友的关系，才是彼此之间充满信任感的沟通。

用孩子的眼光看问题

了解孩子的世界，即使它跟你所想象的世界相去十万八千里。用孩子的眼光看问题，可以帮助你了解孩子。这样才能让孩子更信任你，使他更主动配合你。这样，在遇到问题时，你们就会有共同的立场。

有时候，当孩子感到妈妈了解他的世界时，他就会更加信任妈妈，并依照妈妈的要求去做。

不管知道其他的孩子穿什么，或明白你十二岁的孩子参加舞会要求他九点就得回家是太早了，还是在施加任何处罚后果时，你都要花些时间去了解孩子的世界。如果你觉得他的作业本太花哨了，你就应瞧瞧他朋友的作业本。你可能为他选择了健康饼干，但你也要考虑到禁止他在朋友家吃一般饼干，可能会造成情绪上的伤害。如果你要提出一项处罚时，要先考虑哪些是你该坚持的，哪些不是。

当然，如果别的孩子都在做你所不允许的事，你就要考虑你的立场了。但要全部的孩子对任何事都获得不适当的许可是不大可能的。所以要好好地审视孩子所面临的事，想办法增加他“配合”的可能性，从而使他能听从并尊重你定下的规矩。

小孩子不喜欢与别人不同的感觉，尤其是在青春期，这种情形表现得特别强烈。身为妈妈，你会想要传达你对这种需求的谅解，否则，你就无法和孩子建立起健全的关系。那是彼此之间信任感的沟通。

让孩子能接受你的指示和引导

孩子们总是不断地想离开妈妈，但同时又很矛盾。他们想要长大，但又想维持幼时的样子。他们想要出去独自拼搏一番，却又想继续得到家的庇护。这时，无法了解孩子内心世界的妈妈，就会被淘汰。孩子们会认为“妈妈就是不懂”。这会让孩子对妈妈更加不信任，如此一来，孩子会失去了妈妈的保护，同时也得不到妈妈的指导和支持。结果，妈妈就会太早放任孩子单飞。

另一方面，妈妈也会毁了信赖关系。想让孩子信任你，你就要说话算话，且你们能够进行开诚布公的沟通，这是相当重要的。需要让孩子感受到他可以要求做某些事，而你也会了解，若可以的话，你会允许他的要求。这对他来说是很必要的，只有这样他才会避免去做“不被允许的事”。也需要让孩子明白你能跟他分享感受，而你的期望也不会超出他的能力和年龄。

为了让孩子能接受你的指示和引导，并愿和你分担他成长中所面临的难题，对他所面临的事，你要尽量实际客观。当然，如果有同学考试偷看他的试卷，他就该报告老师。但这么做，会不会影响他的社交关系呢？你只给他吃有机健康饼干，但让他拒绝朋友家招待的巧克力蛋糕，公平吗？你可能认为水蓝色法兰绒衬衫很好看，但若是所有的孩子都穿花格子尼衬衫，你会让他继续穿你挑的衬衫，否则就没点心吃吗？

对于不切实际的惩罚，也是同样的道理。当你正确使用处罚方式时，你是让孩子明白你知道什么会有效果。他可能会厌恶你的实事求是，但内心里，他会很高兴你并不是指挥者。当你能了解孩子的想法，并以此来配合你的支持和指导时，你的孩子自然会明白你想传达给他的较深层信息。

当你对孩子说："无论如何我都爱你，而且我想了解你的世界。"你是在制造气氛，让他不用害怕你的批评和激烈的反应，对你畅谈他所经历的诱惑。你要传达给孩子的信息就是你愿意听完他的话，从各个角度看待事情，并且愿意跟他谈谈。这要比你直接干涉，施展你的权威，来得重要多了。此外，你这么做也可以减轻他的罪恶感（罪恶感是愤怒的导火线）。如果孩子认为你不可理喻，他就会在你背后偷偷行动，尽管，他也不好受。一方面，他会担惊受怕，另一方面，他也会觉得自己"很坏"。结果只会让孩子累积更多的愤怒，而后做出更多偏差的行为。

最后，如果你对孩子的要求都符合实际，你还需要变通的技巧。你让孩子知道，生命中有很多事情，是不可预先计划的。人不能一味地墨守成规，必须看事情的全面性，详细观察得与失，然后再做出明智的抉择。当孩子在家庭中学会变通时，他就会应用这个技巧来待人处世，而且发现这对他的工作和社交等都大有裨益。最重要的是，这会帮助他做出正确的决定，却丝毫不感到罪恶。

与孩子同乐

其实，所有的孩子都希望与妈妈同乐。只要双方有共同的兴趣爱好，亲子关系就会变得更加融洽。同乐还可以缩短家人之间的距离，不仅达到娱乐的目的，也会使家庭气氛和谐。

在过去大家庭的时代，欢乐是由全家共同创造的，这种习惯一直延续许多年。直到今天大众传播媒体、收音机和电视的出现才渐渐取代了古老的娱乐方式。过去，一家人吃过晚饭便在院子里乘凉，长辈开始给大家讲着古老的故事；除夕之夜，全家欢聚一堂，晚辈向长辈拜年，长辈给压岁钱，全家其乐融融。而今天的情况就不同了，孩子有自己的乐趣，亲子关系慢慢变得淡薄。这一方面当然是有文化及社会的变迁的缘故，另一方面也是由于我们缺乏民主态度来和孩子相处。为人妈妈者总是只注意在各方面要给孩子最好的，但是却忘记要与孩子同乐。

亲子之间造成隔阂还有一个原因就是孩子和妈妈之间缺乏共同的兴趣爱好，从而造成小孩子不愿进入成人的世界，大人也无法走进小孩子的世界的局面。现在，大多数家庭里的孩子都不喜欢和妈妈一起玩儿。如果家庭里常常充满争吵的氛围，家人便不可能一起同乐。然而妈妈和子女如果能玩儿在一起，便能减少彼此间的敌意而产生和谐的气氛。

我们总是能够轻易地逗小婴儿开心，但是随着孩子渐渐长大，我们似乎就失去了这种和孩子一起娱乐的能力。然而孩子却还是很渴望和妈妈一起娱乐。通过娱乐，妈妈与子女之间可以增进相互了解，同时可使亲子关系更融洽。家人一起玩儿游戏不仅可以同乐，也可以避免尖锐的竞争。小孩子可以从游戏中体会出输赢并不是绝对必要的，游戏主要的目的是娱乐。这种观念并不容易传达，因为大多数的妈妈都不知道很多小孩子不论做什么事，都习惯当赢家。每一个家庭几乎都曾有过小孩，妈妈可以将游戏时间列为家庭固定作息的一部分。当然这个时间不是固定不变的，我们应该考虑其他家人的时间安排，邀请他们一起来同乐，共同参与孩子的游戏。

小修，八岁，是个非常狂热的棒球迷。只要家里附近有棒球赛，他就一定会去。妈妈再三吩咐道：一定要得到她同意，才能出去看。因为只有这样她才知道他在哪儿。有一天，很晚了，可是妈妈仍找不到小修。她十分焦急，正准备打电话报警时，小修回到了家，一副满不在乎的样子。妈妈气急了，准备揍他时，小修才央求说："妈妈，等等，先让我跟你解释一下。"他说他跟一群球队到离家大约十里的球场去看球赛了。"妈妈，你从来没有带我去看过球赛，我拜托你已不下一百次了，但是你每次都说你很忙，或还有别的事要做。"小修委屈地说。

这时妈妈才恍然大悟，儿子多么希望自已能够和他共享这种爱好！她终于了解到儿子的心思，现在全家经常一起去看球赛，时常还在一起讨论，偶尔也一起打一场家庭棒球赛。

所有的小孩子都喜欢有人陪他玩儿。妈妈不应该永远只当观众，你们也可以参与游戏啊！小孩子尤其喜欢妈妈扮演故事中小孩子的角色，而自已则扮演大人的角色。除了游戏之外，妈妈还可以计划安排一起野外采集的活动，而且对整个活动的过程进行分工，尽量让每个人都参与，如收集纸上资料、准备采集工具等。另外全家还可以一起动手做风筝，一起享受风筝飞起来那一刹那的喜悦。

一起学唱歌、画画。如果妈妈能用心体会，她不难发现小孩子对所有的事物都充满好奇，兴致勃勃，而且非常富有想象力。

尊重你的孩子

家庭中每个人都需要得到尊重。妈妈应尊重孩子，认同他们的自主权，相信他们的人格和能力。此外恰当的批评不可少，它是孩子不断完善的动力。

家庭的和谐在于彼此之间的相互尊重，单方面的尊重是不平等的。所以妈妈应当尊重孩子的权利。另外我们还要特别注意的是，我们的这种尊重的态度应该表达得恰到好处，过与不及都会导致不良的影响。

尽管小华才两个月大，但爸爸妈妈非常引以为傲，因为这是他们第一个孩子。只要有机会，他们甚至会故意弄醒睡眠中的小华来向他们的朋友炫耀一番。

小华当然有睡觉的权利，爸妈的做法显然表现得不够尊重他的这种权利。

小华经常哭闹而且常常睡得不好。只要一哭，妈妈就会立即给他喂奶，即使一小时前才喝过。

小婴儿的健康和成长有赖于规律的作息和饮食习惯。在规律的时间内，胃肠可以自然形成消化、休息的一定模式，这是维系生命的基本规则。小婴儿当然也有权利遵循这种自然法则。

尽管儿科医生对婴儿的喂食习惯各有说辞。但细心的妈妈应该能观察出小婴儿肚子饿的时间通常有一定的规律，她可以相信自己的观察，进而帮宝宝培养出规律的饮食习惯。如果她太紧张而放纵小婴儿的饮食，不但无法帮他建立正常的习惯，还可能鼓励他养成无理要求的坏习惯。所以没有正规的喂食习惯就是不重视婴儿追求自然法则的权利。

九岁的彼得是家里的独生子，也是妈妈唯一的精神寄托。她对他的期望很高，而且希望样样表现得出色，所以系统地为他安排了好多课程，而且要求每门成绩也都必须保持甲等。参加活动时，他必须是领导者，钢琴必须弹得毫无缺点，飞机模型必须做得最完美，而且要一字无误地背诵《圣经》经文。总之，他在任何时候，做任何事情都必须达到完美无缺。尽管所有认识彼得的人都认为他是个很聪明的孩子，但是他却有着他的妈妈永远无法更正的缺点：他经常咬指甲，此外，还会经常做噩梦，一紧张就会不停地晃肩膀。

妈妈并没觉得她的这种“过高期望”对彼得是很残酷的。由于彼得不断受到鞭策，所以他只知道不断地努力，凭着他过人的智慧和加倍的努力，他一定会尽力达到妈妈的期望。但是他内心里却明显地表现出焦虑与反叛。他觉得只有满足妈妈的心愿，样样领先，他的生命才有意义，所以他当然不敢摆脱自己既定的角色而违背妈妈的期望。因此他只能将内心的反叛情绪转移至睡眠中。彼得无疑承受着相当大的痛苦。妈妈的做法显然侵犯到了彼得的人权，她只是利用他作为提高自己权威与声望的工具。可是当彼得全身心地投入功课，努力达成妈妈的期望时，他同时也失掉了自我。

尊重孩子的自主权，尊重子女就必须信任他的人格和他的能力。但这并不表示我们可以利用他们来满足我们的野心。

十八个月大的比尔爬上了起居室的椅子上，结果从椅子上滑了下来，撞到下巴，然后又咬破嘴唇。妈妈虽然看到比尔嘴唇已开始流血，却装作若无其事的样子，并欣喜地说：“再试一次，比尔，你能办得到的。”于是比尔又重新再试。

这种做法残忍吗？一点儿也不。如果妈妈将这一点儿小伤视为严重事态，比尔就会失去再试的勇气。妈妈既然认为没有大碍，比尔便觉得自己也一定能忍，所以这是相当值得的一课。

尊重孩子的意思就是认同他们的自主权。但这并不是指小孩子可以做大人所做的事。家庭里的每个人都扮演各自不同的角色——每个角色都必须受到尊重。

对孩子的批评不可没有，也不可滥用。适当的批评是与孩子进行交流的一种手段，也是孩子不断完善自己的一种动力。

事情出错的时候不是批评孩子的最恰当时机，既然事情发生了，最好是先解决这件事，而不是先教训孩子，更不是粗暴地责骂孩子。批评要找适当的时机，其出发点应该是对孩子的关切。恶语，就像支支毒箭，只能用来反对敌人，不能用来对付孩子，否则只会使他产生不满、反怒、仇恨的情绪以及报复的念头，逐渐学会使用消极的态度和方法保护自己。美国的海姆·金诺特博士将母亲常用的对付孩子的尖刻语言归纳如下：

谩骂：混蛋、骗子。

侮骂：笨蛋、真是个废物、不中用的东西。

指责：又淘气了，真是个“坏孩子”。

压制：给我住嘴，你敢不听大人的话。

强迫：不许说不行。

威胁：你敢不听我的话，我再也不管你了。

挖苦：亏你想得出这种蠢方法，你真“聪明”。

……

用这类伤害性的语言去批评孩子，有时确实也会立刻见效，孩子会乖乖地服从妈妈的意志，然而，这种屈服只是暂时的。从长远看，这些语言不仅会伤害孩子的自尊心，还会对孩子性格的形成产生不良影响。懂得尊重孩子，批评时就事论事，不翻旧账，使孩子懂得自己错在哪里，以后就不会出现类似的错误。那么，这样的批评就能起到它应该起到的作用。

A GOOD MOTHER IS BETTER THAN A GOOD TEACHER

第六章

控制好你的情绪，赢得孩子的合作

在传统的家庭中，妈妈与子女之间就是一种管制与被管制的关系。有一句话说得好：“有阶级的地方就有斗争。”当然，这也包括在家庭之中。一个家庭只要存在着管制与被管制的关系，妈妈与子女之间就难免会发生冲突。有技巧的妈妈会把这种矛盾一步步地冷却，最终化有为无；而不懂得技巧的妈妈却会不自觉地把矛盾越闹越大，最终难以收拾。这就是简单教育与非简单教育之间的差别。

给孩子留一点儿面子

通常，和谐的家庭生活要求家庭成员具有明确的行为规范，充满爱和温情，这种家庭生活决定着孩子人格的成长。

如果伤害了孩子的自尊心，哪怕是无意识的，都有可能对孩子造成极大的心理压力，使其滋生自卑感，并产生对妈妈的排斥与不信任。

日本教育家铃木镇一曾说："任何一个孩子都可以培养，但能力的大小与教育方法有关，不管谁都可以培养自己的能力，但其能力大小则与自己努力正确与否有关。"而孩子的教育只有在孩子的可塑性和相互信赖的基础上才能做到，如果不能照顾孩子的面子，所有的简单教育也只能是空谈。

时间能化解矛盾

当你面对孩子任何不规矩的行为、拒绝合作或令人生气的行为的时候，你是不是怒气冲冲，很想发泄一下？有时候孩子顽皮得让你不知说什么好，不知做什么好，简直就是快要失去控制了。

这个时候，你不妨采用一下暂停法。

暂停法最重要的一部分就是孩子没有接受到社会的注意。不管他是被要求去坐在安静的地方，回到自己房间，或是其他适当的地点，重点是他需要单独留下。

然而使用暂停法有两种方式，不管你选择哪种方式，都得要依据问题行为的本质而定，也必须对孩子解释你使用暂停法的目的，让他清楚你们两个都需要喘息的空间。

假如你的孩子只是捣蛋和烦人，可能笑得太大声，和弟妹追逐，或是不停地发牢骚。你要先提醒他，假如他不停止的话，将会受到暂停法的处置。假如他持续地不规矩，你将会要他回房间去直到他可以停止不规矩的行为。“好吧，我警告过你了，现在请你回房去，留在房间里，直到你认为你可以表现合理的行为时才能再出来。我生气了，我不希望自己发脾气。”基本上你让孩子可以自行掌控。

当你的孩子做了很不适当的行为时，或是破坏规则，比如说打兄弟姊妹或是讲话很粗鲁，在这种情况之下，暂停法的使用必须用另一种方式。最特别的因素就是你的提醒，“你刚刚对我所说的话是行不通的，回你的房间待十五分钟，让你自己镇静一下。假如有事情困扰你，等时间到了也许你可以用比较好的方式告诉我怎么回事。不管怎样现在我很生气，没办法听你说，你可以十五分钟后下楼再说，时间到了我会告诉你（对较年幼的孩子）”。或是“你可以三十分钟后再下楼（对较大的孩子）”。

以上所说的这两种方式都没有必要把门关起来，那样会让孩子感到害怕，特别是年纪小的孩子。还有一个令人争议的地方，就是该不该让孩子写下他犯错的原因，而这种做法很多专家和妈妈都一致认为会破坏暂停法的效果，因为它需要你太多的注意力了。

最后，还有个问题，假如你的孩子不去，该怎么办？假如你的孩子太小，你可以抱着他上楼，或是进房间，你要试着坚持让他坐下来，然后你就在房间外等，就像个看门人一样。可是这又有另外一个问题，就是你又再次给他太多的注意了，这十五分钟里你们两个处在对抗的状态，这对你孩子来讲可能是种很有趣的“社会互动”！

简单地这样说会是比较聪明的做法：“好吧，我不能强迫你去，但是假如你不去的话，今天晚上就不能看电视。”假如你所选择的做法让孩子觉得很不舒服，那么他就可能比较愿意用十五分钟的时间来交换。你也给了孩子掌握他自己命运的机会，即使这两种选择都不是相当重要的，但他至少会觉得他也是掌握自己生命方向的半个舵手。

最后，对较小的孩子喊“暂停”是可行的方法，他们会将它视为惩罚，但是听起来又不那么可怕。可是较大的孩子不喜欢这样，他会觉得太幼稚了。你必须告诉他罚则是什么，而不是贴个标签。“我希望你离开我这里，因为我太生气了，你在这里让我很不愉快，我们晚点儿再谈。”

暂停法有效是因为它所传递的信息很清楚。假如孩子很让人生气，或是行为不规矩，他的出现不受人欢迎，他的行为不为社会所接受，所以他也不被允许过社交生活。这对不好的行为来说，是相当好的惩罚！

另一个有效的原因是，这是一个机会，让你可以马上注意到所发生的事，不会让事情越变越糟。然后这也可以避免你和孩子陷于意志之争，疏解孩子天生想要“赢”的欲望。你不在那里，所以就不会有争论发生。他有时间疏解这种引发他做出坏行为的内在紧张情绪，你也可以借由中断和孩子互动的方式，来舒缓你的神经紧张。

妈妈都希望自己的小孩可以增强自我控制的能力。“暂停法”不仅仅是个惩罚，这对孩子来说是个深呼吸，给自己平静下来的一个机会，同样的情况，对你来说也是一样。你不希望身边的人不尊重你和你的意愿，你当然喜欢和他在一起，即使是讨论很不愉快的事情也没关系，但是前提是必须用文明的方式来讨论。否则，你是不会感兴趣的。

最后，你要表现出你的自信，相信你们两个可以相处得很好，你不希望用尖叫、紧张或是强逼的方式。你希望你们两个都能有负责任的态度。

下面是一个例子：

妈妈正和一位很要好的朋友讲很重要的电话时，四岁大的孩子如往常般跑进来，紧张得不得了。“妈妈，妈妈，我要告诉你一些事。”

妈妈举起手来，小声地说：“等一下，亲爱的，我几分钟就讲完了。”

“可是妈妈，妈妈，你要来！我得给你看这个东西……”

妈妈告诉朋友稍等一下，然后转向儿子说：“有什么事不对劲儿吗？”

“没有，可是……”他努力想说。

“那么我几分钟后再回来看，现在，我在讲电话。”

妈妈回过头去继续打电话，但是儿子开始提高分贝地说：“妈妈，妈妈我想……”

“假如你现在不停止这种行为，你就要接受暂停法。”妈妈厉声地说，“我等会儿再和你谈，但是你现在打断我，让我很生气。”

“但是，妈妈……”他强拉着妈妈的袖子。

“就是这样了。”妈妈要求朋友挂断电话，然后牵着儿子的手带他到房间去。“你坐在这里，直到你认为你可以让我讲完电话为止，假如你认为你可以不和我讲话，直到我说完电话，你就可以出来。”

“不，”他尖叫，“我不要关禁闭！”

“好，”妈妈平静地说，“当我在讲电话时，不要烦我。我挂掉电话后会尽快和你谈。”然后转身走出了他的房间。

假如他不肯，妈妈只需说："留在房间里直到我讲完电话，或是你要三天早上不能看动画片，你自己选择。"

另一个例子：

九岁大的小文对他的弟弟小武是又爱又"恨"的。此刻没和他在一起好像不能活一样，但是过一会儿，他可能又变得很讨厌他弟弟古怪的行为，恨不得赶快跑回房间躲起来。

小文脾气急躁，个性反复无常。事实上，最近小文会打小武的头。轻轻地打一下后背，你不会生气，但是打头部就不一样了。妈妈已经告诉过他两次不要这样做，也解释了危险性给他听。

但是现在，小文走进游戏室，小武正在那里看电视，他手上拿了一个小文的玩具，结果就被小文打头了。

"够了！"妈妈说，猛地站起来面对小文说，"上楼去关禁闭，我已经跟你解释过不能打别人的头，我很生气，半小时之内你不准下来。"

"他拿了我的玩具！"小文气愤地抗议说。

"没错，他可能是在走廊或厨房看到的，或者甚至从你房间拿的，那你也不能打他的头，你可以告诉我，或要求他立刻还给你。现在上楼去。"

"我不是故意的。"他哭着说。

"我知道，下一次你就会记得不要再这样打他，现在上楼去！"

"我不要！"他坚持，双手交叉放在胸前。

"假如你现在不去，就五天不能看电视，而且我要取消你今天下午和小华的游戏时间，这是我很不愿意做的。"妈妈平静但是坚决地说，然后离开房间。（没有旁观者，孩子会比较容易让步）

小文站起来，边抱怨边走了出去。

过了半小时后，妈妈发现小文在楼上看书。

“你现在可以下来了。”妈妈说。

“好……”他平静地说，也没有用反抗的态度。很明显他的心思已经游到别处了，这就够了，他得到了应有的“处罚”。下次给他一个选择的机会，他也会了解的。

不要宣扬子女的过错

“妈妈越不宣扬子女的过错，则子女对自己的名誉就越看重，因而会更小心地维护别人对自己的好评。若妈妈当众宣布他们的过失，使他们无地自容，他们越觉得自己的名誉已受到打击，维护自己名誉的心思也就越淡薄。”这是一位伟大的教育家的劝告。

有时候妈妈和孩子会陷入一个恶性循环：激烈的争吵——对孩子吼叫——结果却是孩子正确——孩子受到伤害——再有新一轮的争吵。

上述的这些状况，每一个环节都透露出了孩子的需求。假如妈妈让他保留一些权利，他可能比较容易会放弃坚持、承认问题，或改变主意。例如，妈妈已经说了两次要他停止拍球，而现在他真的该停了，容许他在把球收起来之前，最后狠狠地一击。

不要让自己表现得好像什么都知道，而是要装成凑巧在某个特别的时间知道某个特殊的事。当孩子快速安静时，而且可能很温和地表现他的不愉快时，不要坚持孩子立即回应你的要求，最好是忍耐一下。当你的孩子保住颜面时，他就会和你合作。

有时候，妈妈不要当着外人的面说自己孩子的坏话，孩子会受到伤害，尽管有时候孩子并不说自己不高兴，他也只是惧怕妈妈的权威。

不论是年纪较小的孩子还是较大的，他都坚持用自己一定的方式组合拼图，那些坚持没有数学作业的年纪较长的孩子，当真相被揭穿时，保留面子的做法将能帮助他继续进行学习。不要让孩子困在愤怒和愤恨的情境里，以至于耗尽太多负面的精力来证明他自己，妈妈应该帮助他以建设性的方式去运用他的能力。

年纪较小的孩子会尽可能地尝试主宰一切，假如孩子的自我概念正在发展，他们会很肯定地认为自己可以做到的比他们能做的要多得多。有些时候这样是很危险的，有时会很有趣，但还有时会让所有相关的人感到极度受挫。假如妈妈坚持自己的主张，孩子可能会用发脾气的行为来回应你；因为你强迫孩子放弃他心里最渴望的追寻，那就是“做他自己的主人”。给他一些“长大”的空间，你会让他知道你同样也希望他成长。他将不会感到挫败，相反，能使他不再那么顽固地反抗。

对于年纪较大的孩子，允许他拥有一些空间去尝试错误，或是在没有妈妈的协助下解决问题。这就是在告诉他，妈妈并不希望控制他的一言一行，他有权利拥有自己的感觉和独立的信念，即使他不赞同你或证明他是不对的，对妈妈来说都没有关系而且也不要将自己塑造成无所不知的偶像，而他只是个愚蠢的小孩儿，免得好像是在贬低他或羞辱他。妈妈应该尊重他所犯的错误，因为妈妈了解他犯错的原因。

结果，孩子将能保有完整的自我意识，带着较少的怒气离开那个情境，等事件结束后，他的怒气就会全消了。如果你把他逼得太紧，下次他将会犯更大的错误来证明自己。

大多数的孩子很容易感到被羞辱了，不论任何年纪，他们都会努力想要离开妈妈独立，证明自己有能力、有智慧和有力量去探索这个世界。但是同时他们也会害怕他们办不到，或是妈妈不让他们尝试，怕他们会失败。有时他们并不是真的想这样做。

当把孩子逼到角落时，当妈妈说“我现在就要”“我知道你做错了”或“何以你的朋友都不再打电话来了？”他的无力感是相当沉重的。当你这么说时，他听到的是“你不是自由的”“我说什么你就得做什么”“我比你强壮、聪明，而且我注意到你做得不太好”。

这种无力的感觉会转变成羞愧感或愤怒。妈妈不希望孩子养成这种习惯。然而，给孩子一些自由的空间，像在告诉他“我知道你想和我不一样，你有权保有一些自己的想法和感觉，你可以有不同的想法，当我移动时你不动，这些都是没有关系的，我认为你是有能力的。但是有时候我觉得你可能需要帮忙，而且大多数的时候我需要你遵守规则”。

这有助于孩子建立自信，还会帮他看清楚犯错或软弱并不能代表一个人，不管是做错一次或两次，他都能够继续积极地向前迈进。

下面是一个例子：

小文正在努力穿一条牛仔裤，但腰部的纽扣很难扣得上，“我做得到”，他坚持用他肥肥短短的小手扯拉那颗纽扣。妈妈这时开始失去耐心，因为小文上学的时间要到了。

“我来帮你。”妈妈说，伸手要去帮他。

“不！”他大叫，“我可以穿上！”

经过一段长时间的沉默，妈妈看着他徒劳无功、满身大汗地在那儿又推又拉的，看得出来他越来越局促不安，也更沮丧了些，他的呼吸声也越来越急促了。

“我告诉你，”妈妈平静地说，“我看过你扣过许多扣子，我知道你做得到的，可是这颗扣子即使我来扣也有点儿困难呢，让我来试试看，然后你拉拉链如何？”

他可能会用一种混杂着厌恶自己的心理和被打败的神情看着妈妈。

当妈妈在扣扣子时要再说一遍，扣上这个扣子真是件很困难的事，“这好紧噢！”妈妈可以说，“这就是它这么难扣的原因。”

然后当他拉上拉链后，微笑地看着他，说一些类似以下的话：“我想我们一起才能把这件事做得很好！”

妈妈让自己成为他的助手，也没有拿自己的能力来比较，而且给了他一些空间，让他替自己做了别的事。他可能不会觉得自己赢得了胜利，但是他也不会觉得被看扁了。

美国人讲究对孩子说话的口气和方法，大人不但要认真倾听孩子的话，而且有时还要蹲下来同孩子对话，使孩子感到你在尊重他，并可避免他有“低一等”的感觉。孩子吃饭时不能硬逼；孩子做错了事不得横加训斥；要孩子换衣服也不可用命令的口吻，否则，都会给孩子的心理上留下自卑的阴影。妈妈带孩子外出做客，主人若拿出食物给孩子，美国人则最忌讳提早代替孩子回答“不吃”“不要”之类的话，也不会在孩子表示出想吃的时候对孩子呵斥。他们认为，孩子想要什么或想看什么，本身并没有错，因为孩子有这个需要，任何人都没有理由来指责，只能根据情况适时适当地做出解释和说明，以作引导。美国人反对妈妈在人前教子，更不允许当着人面斥责孩子“不争气”“笨蛋”“没出息”，因为这会深深伤害孩子的自尊心，妈妈这样做是一种犯罪。美国妈妈这样尊重孩子，不仅仅是因为他们年龄小，需要爱护、关心和培养，还在于他们从出生起就是一个独立的个体，有自己独立的意愿和个性。无论妈妈还是老师都没有特权去支配或限制他们的行为。特别是孩子，在以后成长中的大多数情况下师长不能代替他们对客观进行选择，所以要让孩子感到自己是自己的主人。

有人怀疑美国妈妈对孩子的尊重是否太过分了，但事实证明，大多受到妈妈良好尊重的孩子同妈妈非常合作，他们待人友善，懂礼貌，同大人谈话没有一点儿局促感，自我独立意识强。儿童心理学家认为，这些都是孩子们受到了应有的尊重的良好反应。

另外，妈妈维护孩子的自尊心很重要。孩子虽小，但和大人一样，其自尊心很强。妈妈应像对待成人一样尊重他们的权利，满足他们的需求。妈妈要注意根据孩子的兴趣爱好进行正确的引导，使他们能积极乐观地做每一件事情。当发现孩子犯了错误时，妈妈不能采取粗暴的态度给孩子施加压力或说一些伤孩子心的话，更不能在众人面前训斥孩子，这会伤害孩子的自尊心，从而令他产生反感情绪或叛逆心理。妈妈要善于发现孩子的微小进步，并及时给予肯定、表扬，使孩子树立自信心，在这个基础上通过平和的交谈让孩子懂得他的不足之处以及怎么改。只有尊重孩子，以理服人，才能使孩子形成健康的心理。

所谓自尊心，是指个人要求得到他人或集体尊重的情感。有的人以为小孩子不懂事，不懂自尊心，其实不然。有一个五岁的小女孩儿，在一次幼儿园排练节目时，被老师淘汰了，但老师当时并没注意到自己的言语，只是随便地说："你回班上去吧，老师不要你了。"这样，给孩子的印象是她被老师赶出来了。结果，在其他孩子的讥笑声中，这个小女孩儿哭着说："我以后再也不跳舞了。"显然，孩子的自尊心受到了极大的伤害。

心理学家认为，儿童的自尊心是随着自我意识的发展而逐步增强的，儿童在一岁半便有了自我意识的萌芽，三岁左右就能进行一些主观意识转强的活动，并表现出不听话、拒绝成人的帮助和干预，甚至执拗；五至六岁儿童的自我评价能力有了很大的提高，其评价不再是成人评价的翻版，而开始对成人评价持有怀疑的态度；六岁儿童可以表现出一些较抽象的品质，进行一些内心品质的评价；进入小学后，儿童不但能指出自己的优点，还能提出自己的缺点，并力图改正这些缺点。

可见，儿童是有自尊心的，如果我们在教育儿童时忽视他们自尊心的存在，常常对他们横加指责，甚至打骂，不注意给孩子留“面子”，常在孩子同伴面前或外人面前数落孩子的不是，责骂惩罚孩子，使孩子在同伴中抬不起头，没有地位，这样不仅达不到教育目的，反而大大刺伤了孩子的自尊心，增加孩子的憎恨、敌对和紧张的情绪，促使孩子形成报复、自卑等不健康心理；有的甚至会导致悲剧的发生。总之，妈妈不应把儿童单纯看成一个不懂事的孩子任意去批评、指责，而应尊重他们的自尊心，多采用表扬、肯定和鼓励的方式，帮助其自尊心健康发展。

用冷静的态度处理事情

妈妈根本不需要那么悲观，孩子终究会改掉这些习惯的。妈妈应该对孩子有信心。这是一项长期的课题，需要不断地坚定信心。妈妈对孩子的信心和信任对孩子会产生一股很大的激励作用。总之，如果妈妈不要太在意，保持轻松的心情，容忍不完美的存在，妈妈会发现亲子之间的气氛缓和多了。

妈妈正在晾衣服，无意中看到她四岁的儿子小克和他两个小伙伴并排站在一起，身体的一半躲在一面墙的后面。妈妈觉得奇怪，走近一看，她发现他们都脱下裤子，光着小屁股在尿尿。她冲到他们身边，把另外两个小朋友送回家，然后大喊小克回家去。小克哭了起来。妈妈一边责骂，一边狠狠地打他："我叫你不要做这种丢脸的事。看你还听不听话，尿尿要到厕所去。现在你回房去，你这几天都不准出去玩儿。"然后妈妈便打电话给另外两个小朋友的妈妈，把刚刚所发生的事情一五一十地告诉了她们。几天之后，小克又可以到外面去玩儿了，他的妈妈不久就接到隔壁太太打来的电话，说小克在前面的人行道上尿尿，旁边站着一群小朋友，包括两个女孩都在看他。妈妈挂上电话，马上冲出去把他拉回屋子里，又是和以前一样，一顿狠打和责骂。当天晚上，妈妈将这件事告诉了小克的爸爸。爸爸也是责骂小克并警告他："如果再听到你做这种事，我一定会打得你满地爬。"然而整个夏天，这种现象仍陆续不断地发生，每一次小克都挨揍，而且被关在家里好几天。

从以上的例子中，我们很明显可以看出，处罚不但没有制止小克公开尿尿的行为，相反地使他对这种行为更觉得有趣，而且如果侥幸不被妈妈发现，那他就更高兴了。

妈妈遇到这种问题时最聪明的做法就是不动声色地叫小克进来，不要激动、生气或责备他，只要告诉他如果他在外面不乖，那就要留在家里，此后妈妈每次再发现小克又在外面尿尿时，她就一定坚持这个原则。长久下来，小克就会知道，他这么做是不对的。像这种时候，妈妈根本不须多费唇舌解释，采取解决的行动才是最重要的。

我们应该保持平静的态度来处理孩子的“坏”习惯，愈小题大做，只会使情况变得愈严重。我们特意把“坏”字加引号，其实有些行为并不是真的“坏”，它们也和其他行为一样，隐藏着孩子的潜意识。这些特殊的行为在大人的心目中代表着很多的含义。因此处理这些问题时，我们必须先降低它的严重性。如果孩子发现自己的这些行为会使妈妈感到不寻常的困扰时，他可能会认为这是一种打击妈妈最好的武器。所以只要不大惊小怪，不太在意，我们便能顺利地解决问题。

咬指甲的孩子通常是在表达生气、愤怒或讨厌纪律的情绪。而且这种习惯是一种症状，本身并不是个问题。所以我们打他、骂他或使用任何预防的方法都没有用。我们不能强迫他改过，只能找出原因，对症下药。

有偷东西或撒谎习惯的孩子通常是想要“使人留下印象”，如果小孩子故意安排让我们发现他所犯的错误，我们便可以肯定他的目的是为了吸引我们的注意。万一他不愿意承认自己的错误，我们也可以断定他是想要表达自己的权利。小孩子可能认为他有权利得到任何他想要的东西，或老觉得偷拿东西没有被逮住是一种无上的乐趣。说谎或偷东西的行为是内在反叛心理所表现出来的症状。他终究会把偷去的东西还回来。然而责备、辱骂和处罚并不能达到教导他不说谎、不偷东西的目的，相反地，为了要争取权利和打击妈妈，他们可能会掩护得更周全，更想做坏事。其实小孩子并不需要任何“指点”，他自己很清楚偷东西和说谎是不对的。但是他潜意识里宁可用犯错来达到自己的目的。

当小孩子说话使用了一个“不好”的字眼时，他会观察听者的反应，如果我们显得震惊，或者做出他所期待吃惊的表情，甚至采取行动，我们等于在鼓励他再使用这些字眼。其实我们应该保持冷静地问他：“你说那个字是什么意思？我不太了解，那是什么字啊？”这样孩子可能会放弃他的企图。

你必须了解孩子的“坏”习惯，并帮他改掉。习惯通常是一种症状，你不能使用任何攻击的方法而得到正面的结果。你必须知道行为背后的潜在原因是什么，通常你可以从亲切而轻松的谈话中找到答案。偶尔在上床睡觉前，如果妈妈和孩子的心情都非常轻松时，妈妈可以和他玩儿一种游戏，问他：“今天你最高兴的是什么事？”孩子回答完后，妈妈也说出自己最高兴的事。然后妈妈再问：“最不喜欢的呢？”从孩子的回答中，她就可以发现孩子所讨厌的事，这可以作为她和孩子相处的依据。她不必做任何评论，不要为孩子解释并试着打消他不喜欢某些事物的念头，但是她可以问他的意见，妈妈可以当个“好听众”。如果孩子没有说出任何不喜欢的事，妈妈可以继续这个话题，说出自己不喜欢的事物——但是千万不要是有关他的问题，否则这席谈话可能会就此结束。你绝对不要让孩子知道你在试探他，这会使他关起门来，拒绝沟通。

你可以常常和孩子做这种轻松、愉快的沟通。你当然不会期望小孩子在一夜之间就改掉所有的坏习惯。然而，你可能会因为几天的努力却发现小孩子仍然表现同样的坏习惯、动作而感到沮丧。你，或他自己也因此相信他不可能改掉这些坏习惯。不过再仔细地想想，他长大到高中后还会吮手指或尿床吗？当然不会！你根本不需要那么悲观，他终究会改掉这些习惯的。你对孩子的信心和信任对他产生一股很大的激励作用。总之，如果你不要太在意，保持轻松的心情，容忍不完美的存在，你会发现亲子之间的气氛缓和多了。

不要伤害孩子的自尊心

中国人讲面子。大人重视自己的面子，小孩子也有他自己的面子。尤其是在他们生活和玩耍的圈子里。如果他们的这种尊严被伤害，他们的耻辱感会比大人还浓烈。

当然，做妈妈的一般不会去有意伤害孩子的自尊心，然而，无意间伤害了孩子的自尊心，则是常有的事。

我曾听一位企业家说过一件孩童时的事情。他生来不会唱歌，唱起歌来声音像个烂沙罐。上小学二年级时，班上举行唱歌比赛，他只得在家里练唱。母亲听了很烦躁，就说："你这哪里是唱歌，只是在嚷叫！"这句无意的话，使他不但对练歌失去了信心，连上学都感到痛苦。

当然，这句话如果是出自他的一个同学，他虽不愿听，但他还可能同他吵，甚至回敬他一句："我唱的是号叫，你唱的是猪叫！"但是这种话出自自己的母亲，他所信赖、尊敬和依靠的人，他就无法反驳了。所以其伤害是无法弥补的。

还有一种无意的伤害。那就是做妈妈的总喜欢把自己的孩子看作不懂事的孩子，所以样样她们都可以代替孩子做主。其中最常见情形是：孩子的同学来了找他出去玩儿或者上街，母亲也不管孩子是愿意还是不愿意，就不假思索地代他说："小波要看书，他不去。"母亲虽然没有存心伤害孩子，但孩子却会觉得在同学面前很失面子。这是因为孩子进入小学后，有他的生活圈、他的朋友、他的世界。在他那个世界里孩子在心理上认为自己是独立的，他有他自己独立的人格，可以不受妈妈的控制。母亲在孩子的朋友和同学的面前指导或者指示他的行动，等于向孩子的朋友表示他还必须在妈妈的指示下生活，没有独立能力。孩子当然会觉得很没面子。因此，为了维护自己的面子，有时孩子还会故意不听话。同时，一旦同学们发现某人样样事都不能做主，就不会再找他玩耍，而不再接受他。这样也有损于孩子社会性的发展。所以，除非迫切的需要，即使孩子的同学和朋友所提出的要求是极端不合理的，是邀孩子出去胡闹，需要当面立即禁止的话，对孩子的教导也应该避免当着孩子的朋友或同学的面前进行。有什么不对和不妥的地方，应该等到他单独一个人的时候，再提醒他："刚刚……"孩子就会容易接受得多。

大人有大人的世界、大人活动的圈子。

孩子有孩子的世界和天地。这就是我妻子常骂孩子的那句话："外面讲的你就那么听，同学讲不好看你就不穿了！"

事情是这样的，在孩子念小学的时候，我妻子有时花了很大的力气，精心地给他做了一件上衣和裤子。我妻子认为很好看，可是孩子一穿上进入学校，有的同学就笑说这不好那不好，于是孩子就再也不肯穿了。妻子当然就很不高兴。费了苦心，孩子还不喜欢。其实道理很简单：因为他一旦穿的与大多数的同学不一样或口味不一样，就会有同学嘲笑他，使他显得脱离群众。

而孩子的这种心理却不易被妈妈理解或为妈妈所忽视，以致产生一些不必要的争执和伤害。这些都值得一个做妈妈的警惕与注意。这里就存在一个尊重孩子的独立人格的问题。

妈妈要求得到子女的尊重，子女应该尊重妈妈，这是天经地义的事。这既是我们中华民族的传统美德，也是古往今来，中外公认的道德。但是，我今天在这里却谈妈妈也要尊重子女。我们很多做妈妈的人会认为我发疯了，或者老糊涂了。妈妈是长辈，子女是晚辈，所以子女尊重妈妈天经地义。千百年来的古训是“子不教，父之过”。“三娘教子”“孟母择邻”也是千百年来的传统美谈。却从没有听说过有尊重子女的责任，子女也应该要虚心地接受妈妈的训诲并尊重妈妈。然而，这并不是说受教育和被教育者就不应该也受到应有的、起码的尊重。当然，这个尊重主要是指他（被教育的人）的独立的人格。尊重对方的独立人格。一个孩子养到八九岁，他就会有些独立的意志和欲望，尤其是进入中学以后，他会在心理上认为自己有独立的人格。他已经有了一些善恶和是非的标准与概念。而对孩子的这些概念，只要不是错误的，我们做妈妈的就应该尊重。而且事实上，我们做妈妈的也大都这样做了。而且谁也不会有意去侮辱孩子。孩子如果在外面受了委屈，妈妈都会十分愤愤不平。

但是，在日常生活中，妈妈有时无意间伤害了孩子的自尊心和侮辱了孩子的人格，却并不少见。只是常常未能引起我们足够的重视罢了。

小孩子在家里难免有些乱拿东西的行为，而且用过了，又不放回原来的地方。于是妈妈有时要拿一个东西用，找不到就会问：“亮亮，你又把我的剪刀拿到哪里去了？”如果亮亮真的拿了，而且经母亲一问马上就记起来，那当然很好，很快就可以把剪刀找出来给母亲送去。

有的孩子好奇又调皮，总觉得大人的一切都很好，都新鲜，于是喜欢妈妈不在家的时候，拿妈妈的笔写一写或做功课。等妈妈发现了，才还了回去。这些小事发生多了，就会在妈妈的头脑里产生一种条件反射：只要有什么一时找不到了，她们马上就会想起自己的孩子或某一个孩子拿了。

“亮亮，你又把我的剪刀放在哪里去了？”母亲又找不到自己的剪刀了。“我没有拿你的剪刀。”母亲又在她常放剪刀的地方找了找，还是没有找到。于是又问：“你没有拿，怎么我会找不到了呢？一定是你不知道放到什么地方去了。”那次孩子确实没有拿，为了澄清事实，孩子只得说：“我确实没有拿，妈妈。”这时，比较冷静的母亲可能就不再追问下去，独自寻找。但也有一些比较主观，尤其是性情暴躁的母亲，却会不由分说，凭过去孩子拿过后没有放回原处的经验，一口咬定就是孩子拿丢了，还不敢认账：“撒谎，一定是你拿了，忘记了，不知道放到什么地方去了！”

孩子没有拿，母亲不信，反而说他是撒谎。孩子心里当然会感到十分痛苦；而且还说他是撒谎，这实质上也是对他人格的一种侮辱。然而主观武断的母亲却观察不到，也了解不到自己无意间对孩子心理上的伤害，还以为自己是正确的。直到过了几天，母亲自己又无意间在另一个抽屉或什么地方发现了剪刀，于是才恍然大悟，是前次自己放错了地方，没有放回原处。

类似的事情，在我们不少的家庭中都或多或少地发生过。而且常常被妈妈忽视。这种无意间的伤害，常常给孩子心灵上造成创伤，而且也易造成亲子间感情上的隔阂。

所以做妈妈的一定要学会尊重孩子的独立人格。尊重孩子的自尊心，而且一个好的妈妈还应该培育孩子的自尊心和人格。试想一个没有自尊心和没有人格的人，又会是一个什么样的人呢？一旦一个孩子失去了自尊心，也就丧失了前进和奋发图强的意志和勇气。

让他知道你的苦衷

有时候，作为妈妈责备、惩罚孩子也是不得已，但孩子学会了反抗，这让一些妈妈极为伤心。其实，反抗是孩子精神成熟的重要标志。他们的反抗意味着孩子的成长，我们没有必要悲观，而应感到高兴。只是我们应该让他们了解妈妈的苦衷，让他们学会如何去理解和关心别人。

事实证明，当孩子学会反抗的同时，说明孩子已经具备了对事物进行评判的能力。我们相信，当你对孩子说“无论如何你让我说两句话”时，你的孩子肯定会大受感动。

让孩子了解你的感受

妈妈必须以坚定的语气说出你的期望和真实的感受以及以令人信服的眼光直视着你的孩子，而且不要立刻对孩子微笑，如果冲突发生之后马上就微笑的话，就好像在说“请不要生我的气”一样，这只会令孩子不那么认真地看待事情。

妈妈都希望孩子能非常听话。但是孩子并不是一生下来就知道你在想什么的。妈妈要在这方面给他指导。

首先妈妈必须了解自己真正的感觉是什么，这里不是去假设其他妈妈的反应，或是书上怎么说，而是你内心深处的想法是什么才是重要的。除非你真的知道自己的想法，否则你说出的话将不具信服力。

最重要的是妈妈不仅要说出自己真正的意思，此时的表情和说话语调也必须一致。如果坚定的语气中带有矛盾的微笑或叹气，那就一点儿用也没有了。生气的语气也是如此，若生气的语气带有太多的情绪，就会盖过你所想要传递的信息。

假如妈妈想要惩罚孩子，而且感到相当生气的时候，暂时先别说出惩罚的方式，只要简单地说：“你这样做必须要接受处罚，但是我希望找出一个合理的惩罚方式，等会儿我再和你一起讨论。”如此一来，你就可以避免脱口说出体罚的方式(比如说“你被禁足一个月”)，事实上你并不是真的想要这样做。当然假如你很坚决和肯定地说出了罚则，但后来你发现不合理的话，你还是可以稍做让步的。但是你必须用特别的方式来处理，许多妈妈懊恼自己做得太过分时，就会说：“好吧！我承认我有点儿太严厉了，过了今晚你就可以看电视了。”结果到头来你只惩罚了孩子一天。你应该要让孩子了解，接受惩罚是很合理的，即使你罚过了头，也不意味着你可以忘记这整件事。

“我想三个星期不准看电视是太严厉了一点儿，因为我太生气了才会这样说，我认为一个星期应该足够了。”

假如你对许多事物都含糊其词，想要改变这个状况该怎么办呢？假如你是这样的妈妈，不要试着想将所有的事情都立刻变得坚定明确，否则你和你的孩子都会承受过大的压力，你自己也会陷入争辩之中。事实上，即使只有一个你以为可以含糊处理的问题，你也很难说清楚，所以孩子会抗争，直到他了解你是当真的。

这个技巧的最后一点就是，有许多的妈妈一直被一种想法——应该和孩子讲道理——束缚，他们向孩子解释所有的事情。但是有时候不需要，有些时候协议只会把事实搞混；有时候有些事就是应该这么做，不管别人怎么想。这就是这个技巧的重点，你要有勇气和信服力地对孩子说：“听我说，我是认真的，虽然这可能会伤害你，看起来也似乎不公平，但是现在没有讨论的余地。”

这个技巧会奏效的原因是只要孩子了解妈妈的感受，他就不会迟疑，因为你说话做事很坚定。他也不会尝试逃避，因为他知道你会说到做到。此外，孩子不喜欢受到太多的控制是奏效的另一个原因。

不论多大年纪的孩子都有冲动和害怕的本能，他们有太多想要的东西、太多的诱惑、太多的压力，还有许多值得探索的事物，但是他们总是会模糊地意识到有个危险区域存在，也就是来自外界的危险（惹上麻烦）以及源自内在的危难（从兴奋和忧虑的混杂情绪中爆发）。

了解冲突和设定界限之间的联结是很重要且非常有帮助的，不论孩子如何抱怨你。这种被控制和牢牢牵制的感受，会让孩子有安全感。假如妈妈不断对孩子有求必应，那么孩子将不会体会到失望、悲伤以及挫。他所获得的只是个扭曲的、不真实的人生。由于他不了解某些情况，就会使事情无法尽如人意。他有可能无法遵循学校及工作场所的规定，也不愿慷慨地对待朋友。妈妈严守坚定的防线等于在教导孩子认识人生的真实面貌。

没有人能拥有所有的东西；没有人能做好所有的事情；也没有人可以在任何时刻都能如愿；但是人仍能够感到满足和快乐，即使没有整个世界供他倚靠和呼唤。

控制自己的情绪

看着某人失去控制是种很不愉快的经验，而自己失控的感觉更是糟透了。最后，记住两件事，你的孩子正渴望亲近你却又希望离开你，结果有些孩子就会想引诱你，用反抗的行为帮助他独立，但是这也可能是他隐藏心底的不安全感及烦恼的方式。如果他反抗你，你必须去注意他这种行为的真正原因。

日常生活中，妈妈常会因各种事情的影响而使心理发生波动，心境、情绪不稳，并波及孩子身上。妈妈自觉不自觉地在心情好时，对孩子亲近爱怜、关怀备至；心情坏时，对孩子视如路人，或动辄训斥打骂，往孩子身上撒气。随自己的心情好恶变化而对孩子忽冷忽热，尤其是在心情不好的时候，一些妈妈会大发脾气。这些做法都是有害的。

容易造成孩子的心情不稳定。孩子的心理容易受外界因素的干扰，妈妈心情的变化转而变成对孩子态度的变化，时间长了，会使孩子的心理不稳定，感情易冲动，脾气变化无常。还容易使孩子优柔寡断。妈妈对孩子的态度不同，孩子不能完全明白。当孩子没有做错什么事，却受到妈妈的冷遇或训斥时，妈妈的反复无常会使孩子感到莫名其妙，有时又感到万般委屈，在妈妈面前无所适从。久而久之会造成孩子在言行上优柔寡断，遇事六神无主的现象。

有时还容易造成孩子对成人产生不正确的认识。妈妈对孩子时冷时热，往往使孩子认为大人们情绪古怪，不可信任，不值得尊敬，而疏远妈妈及其他人，看不起周围的成年人，容易养成孤僻、清高的性格。

所以说做妈妈的就应该注意少犯或不犯这样的错误。不管自己的心情好坏，空闲还是忙碌，对孩子要一如既往，该指导的指导，该关心的关心，使孩子感到妈妈永远在爱着自己，关心着自己，从而给孩子一种稳定感、安全感和信任感。任何人都有控制不了怒气的时候，但是不管什么时候，请注意你对孩子不乖行为的情绪反应不要太过夸张。

有的时候，孩子做的事情妈妈实在是不能容忍。但是，当妈妈和孩子之间有矛盾、剑拔弩张时，妈妈觉得自己的不良情绪即将爆发时，请将焦点放在自己身上，而不是孩子身上。这点是很重要的。你必须了解生气的原因至少有部分是来自外在的压力、沮丧和紧张，而且要知道把累积的怒气，强出在孩子身上是非常有害的，更别提它的破坏性了。但是当妈妈将注意力集中在自己身上时，要让孩子知道妈妈现在究竟在做什么。

第一个可取的方法是妈妈可以暂时离开。

假如你的孩子还不满六岁，在你离开之前，你应该花点儿时间先安顿孩子，你可以让他看电视，玩儿游戏，或是让其他的孩子陪他玩儿。一旦安置好孩子，告诉你的小孩说，“我很累，我需要躺一下，我不想对你大吼大叫。”然后再说，“我很快就会回来！”这样你就不会引发孩子被抛弃的恐惧感。或者还可以这样说：“我现在要去我的房间，你没做完功课让我很烦，可是我今天也很劳累，我需要休息一下，等我平静一下，再来处理你这件事。”

一旦自己独处时，打电话给朋友发泄一下，听听音乐，或是洗个热水澡，做任何可以让你身心平静下来的事。然后问问自己：为何吉米的表情让我这么生气？我曾在谁的脸上看过同样的表情吗？小琳有没有吃完豌豆，有那么重要吗？假如彼得的功课写得很草率，那是他的问题，我为什么要担心别人对我的看法？

当你觉得可以控制自己的情绪，而且也意识到你生气的原因是来自什么时（你的工作、令人厌烦的朋友，或者是你的孩子不合作），再回去面对你的孩子。根据问题所在，用平静的态度和孩子讨论，什么样的行为会让你生气，然后寻找新的解决之道。如果是对较幼小的孩子，你可以用比较轻松幽默的态度或保留面子的做法来解决冲突。

退出现场会让你比较能控制自己，避免破坏你和孩子之间的关系，情绪的爆发只会造成感情上的伤害，增加愤恨，让你们之间连接和沟通的桥梁崩塌。

退出现场也是一种控制情绪的模式，先解释，再处理你的愤怒，展现你的自我意识以及对自己行为的负责态度。总而言之，你是在示范给你的孩子看，如何用尊重他人的态度来处理不好的情绪。

此外，你的孩子也会冷静下来，当孩子不再抵抗你的“攻击”时，他一开始可能会很不高兴，但是过一会儿，他也会用比较公正的态度来看待整件事情。

孩子对你的离去会有点儿惊讶，但也教育了他，等他情绪缓和后，他可能就会先用讨你喜欢的方式接近你，平静地看待你的离去。他可能会了解，他也需要一些独处的时间。

最后，当你的孩子面对的是你的离去而非怒气时，他才真的会比较认真地去思考那些不好的行为。他会了解必须“付出”某些东西，但不会觉得自己陷入不利的困境。你们两位都有时间想想。下面是一个例子：

小文坚持早上要自己挑选衣服，问题是他会将所有的上衣从抽屉里拉出来，直到他发现他要穿的那一件为止，然后将成堆的衣服留在那里。妈妈已经一再告诉他不要这么做，最近他似乎也在努力，只留了一两件衣服在地板上，他甚至还会试着将衣服叠起来收到抽屉里。

可是今天早上妈妈走进他的房间，一方面由于她自己睡眠不足（因为工作上的问题），另一方面又发现他的房间看起来好像被廉价大拍卖的地下室每个人都来翻过了。

妈妈的情绪一下爆发了。小文很明显地正努力抓着他牛仔裤的裤头，那是他刚学会很令他自豪的技术。可是妈妈现在根本不在意，妈妈看到的只是这一团乱，然后妈妈就全然失去控制。

“我告诉过你不能够再这样！”妈妈在小文的房间大声地说。

小文被妈妈惊吓到，眼泪一下就流了下来。他哭着说：“妈妈吓到我了，别这样。”

妈妈强迫自己镇静下来，小文只有四岁大，妈妈看到的只不过是一团乱的地板，而不是破碎的明朝花瓶，而且妈妈面对的孩子根本不明白自己的行为会有什么后果。事实上，他浑然不知妈妈必须在忙碌的早晨还得抽空替他处理这件事。

做个深呼吸之后，妈妈再告诉他：“我不是故意那么大声对你说话的，只是我已经告诉过你，我不希望你把抽屉里的东西都拉出来，因为我必须再把它们放回去。”

“我要拿我的衣服！”小文大声地坚持着，很明显他并不清楚妈妈是否还在生气。“我现在要到楼下去，我去弄麦片粥，赶快穿好衣服。”妈妈缓缓地说，然后妈妈下了楼，帮自己冲了杯咖啡。

十分钟后，妈妈听到小文拖着脚步下来。

“对不起，妈妈！”他含糊不清地说，“我可以喝热巧克力吗？”

“可以啊！”妈妈对他笑笑，“可是要努力记住不要再将衣服拉出来了好吗？因为如果你这样，我就要花许多的时间帮你把衣服放回去，可是我需要时间做其他的事，比如说去商店买你最喜欢的点心。”

他一本正经地点点头，“噢！”他说，“好吧，我喜欢有糖霜的饼干。”

有的时候孩子看到妈妈失去控制是很可怕的一件事，平时温文尔雅的妈妈居然那样可怕，孩子很可能会哭泣，或是变得异常安静来回应你。但是在他内心深处，你这种失控的表现，可能会让他觉得失去平衡，身心受到刺激。总之，假如你不是他的守护者，那又有谁是呢？其他强烈的情绪也是一样，比如说过度的哀伤或焦虑，不管这些情绪是不是直接针对孩子而发，也一样会对孩子产生不良影响。太强烈的情绪会吓坏孩子。

对孩子解释你觉得压力非常大，也是一个让孩子知道他不需对所有的事情负责的重要方式。让孩子知道他们都是独立的个体，他并不需要应付你的负面情绪或因此觉得愧疚，你的感受如何是你自己的事。

对孩子来说当然也是一样，孩子不会全然不知这个事实，虽然他可能只懂表面的意义。他可能会松口气，然后这样告诉自己："我想我也应该平静下来。"

看着某人失去控制是种很不愉快的经验，而自己失控的感觉更是糟透了。最后，请记住两件事，你的孩子正渴望亲近你却又希望离开你，结果有些孩子就会想引诱你，用反抗的行为帮助他独立，但是这也可能是他隐藏心底不安全感及烦恼的方式。如果他反抗你，你必须去注意他这种行为的真正原因。

放慢脚步，各站一方，告诉你的孩子："你不能欺骗我，我知道发生了什么事。"你真的知道，空间会帮助你看得更清楚，你儿子也会知道他欺骗不了你，你会得知事实的真相或是问题的本质。

他知道他需要你了解他，他会感谢你的。

不要做唠叨的妈妈

唠叨并不只是一再地重复要求，即使你加了"请"这个字，还是充满了命令的意味。一个不停嗡嗡作响的警报器是每个人都想关闭的。

孩子不会主动穿衣服、洗澡、做功课、做好家事、使用电话、吃饭、打扫、练习诸如此类的，妈妈要有耐心去教导他们。但是有的妈妈会唠唠叨叨的。假如你认为有必要重复地说，那就要改变唠叨的语气，换成提醒的口吻。唠叨让人很厌烦，易招致怒气，提醒的语气听起来则有帮助的意味，表示你和孩子站在同一边。

避免唠叨还要切实地提供给孩子自由选择的空间，“记得在晚餐前将你的房间清理干净”这样的说法能给予你的孩子喘息的空间，尽可能不要经常立即要求孩子做某件事，没有人会对俯冲的轰炸机有正面的回应的。在妈妈和孩子对话的过程中，妈妈就要小心地运用惩罚。对年纪较小的孩子，等到时间快到了，他却什么都还没做，此刻可以平静地说出处罚的方式，但是要用正面的说法。“等你洗完澡才可以看电视”这种说法比较好，像“除非你洗好澡，否则不准看电视”这样的说法是不好的。立即对年纪较小的孩子说出罚则，就好像说“这是我希望你做的事，但是我想你不会做，所以这就是你不做的后果”。

然而假如妈妈和孩子在激烈争吵，但是妈妈现在想要停止，先前所定下的罚则就会有帮助。和较年长的孩子讨论时，要事先商定罚则，规则要清楚，然后微笑地走开，较年长的孩子只会把提醒当作唠叨。然后是关键的时刻，万一时间已经到了，可是工作还没做，只要遵照着惩罚原则即可，不须再讨论，因为约定就是约定。

最后，对年长的孩子解释为何必须去做此事，“草坪早上必须浇水，否则青草会被太阳晒枯”或是“你必须在八点去洗澡，因为你需要时间选择书籍，然后读一会儿书再睡觉”。孩子认为妈妈只想唠叨他们，假如妈妈可以解释，就能降低你们之间的紧张度。

没有人喜欢被控制，也没有人喜欢人家告诉他应该怎么做，特别是如果这个“吩咐”并不有趣，妈妈越逼迫，孩子就越抗拒，不管他年纪多大。但这并不仅是因为他不想做！持续不断地叨念只会升高妈妈和孩子之间的温度，制造战争。谁要让步？谁会赢？“假如我洗头，假如我没写数学功课，假如我不挂电话的话，她会怎么样呢？”

假如孩子处在被惩罚的阶段，很自然的妈妈和孩子会变成敌对状态，更别提去指出谁是“老大”。当然让孩子明白妈妈才是“老大”并没有错，但是如同先前所提的，最好表现出妈妈是能够指导自己的人，而不是摆出“我就是上帝”的架势。

还有件事相当重要，妈妈必须要注意，那就是孩子想要亲近你又不要太依赖你的这种持续的内心交战。“唠叨”刚好就给了他推开你的机会，但是这是不好的开场，尽可能在降低冲突的气氛下帮助你的孩子学会独立，给孩子一些喘息的空间，有选择权的感觉会相当有助益的。

如果设定允许一些活动余地的限制，联合达成协议以及坚持约定，妈妈就可以避免和孩子之间的战争。你可以说：“这就是我希望你做的，把房间整理好。我们一起努力完成吧。”也许要经历几次的惩罚孩子才能了解你的要求，不过你会发现以无论是什么事，他都会主动完成。

向孩子解释为什么你希望他完成这项工作。有些时候当妈妈告诉你的孩子去做某些事，他们只觉得这是命令，他们不会去思考它的逻辑及实用性。假如你告诉孩子做这件事的目的，他们会有可能减轻他们的愤慨，因为他们了解了做这件事的原因。

“你得这样做，因为是我说的。”这样的说法只会建立你希望的威权性。但是你不可能只获得权威，孩子也会“惩罚”你。唠叨和命令可能会暂时让你得到你想要的，但是你最想要的是一个不需意志力的、可以和孩子相处的方式，你要的是互相尊重。

有时妈妈需要用合理的方式来说明你的要求，理解孩子练习控制自己的努力，妈妈的赞许就是在告诉他，你知道他是有责任感的，也期待他可以做正确的选择。唠叨只是在告诉孩子他缺乏记性，这么一来会降低他和你合作的意愿，而这就是身为妈妈的你应得的后果。

温和地提醒年幼的孩子，就好比是对他说："我想帮你把事情做完，我知道你忙着做其他的事，但是你也要记得做这件事噢。"这能在你们之间建立某种同伴的情谊，你并不只是告诉他该做什么，你也在帮助他做好这件事。

假如孩子必须承担后果时，他不会将它当成惩罚，而是连锁反应一连串不愉快的结是，那是他咎由自取的，即使他争辩或尖叫跑进房间，他还是会知道这个事实。事情没做好，他们必须负部分责任，他们做错了选择。总而言之，他们将会开始做出正确地抉择。

妈妈希望八岁大的孩子可以在六点半以前写完功课。因为做完之后立即去睡觉，对他来说太困难，他需要时间放松一下，所以妈妈给他另一个选择：

"家明，我希望你可以在七点以前将功课写好，过了七点以后你就很难专心了。你放学回到家三点，我们五点半吃晚餐。我知道你也想玩儿一下，所以你觉得这样的安排如何？你可以吃完点心后做完全部的功课，假如还有时间的话可以玩儿一下，还是你要在吃完点心后先做一点儿功课，玩儿一玩儿，等吃完晚餐后，再把剩下的部分完成。"

"我现在先写一些，"他说，"吃完晚餐后再全部写完。"

"好，"妈妈回答，"可是要记住晚餐后的时间不多，现在尽可能多写一些。"

"好。"他边说，还边把饼干吞进去，然后快步跑上楼去。

大约半小时之后，他下楼到外面去玩儿球了。

妈妈问道："你写完大部分的功课了吗？晚餐后你没有太多的时间噢！"

"好啦，"他回答，"我知道了。"

吃完晚餐后，你注意到家明还在闲晃、欺负妹妹、翻阅他的漫画书。

"你的功课，家明？"妈妈微笑地说，"记得吗？"这时告诉他惩罚的规则，"七点以前没写完功课，今晚不准看电视。"

"是，我会写完的。"家明回答说。

时间一分一秒地过去了，妈妈看了时钟，六点四十分，惩罚时间要到了。

"好的，你自己决定用什么方式完成作业，我已经告诉过你规则，你必须在七点以前完成，你今晚不准看电视。"

他可能会马上跑上楼，试着在时间到来前写完作业，但也可能不会。

假如他没有这样做，而且七点到了，问他哪些功课还没做完，然后坚持要他上楼去把功课写完，即使他写完作业，妈妈也必须坚持不准看电视的规定。如果他真的无法写完，将明天起床时间提早半个小时，定好闹钟，那么隔天一早，他就能将它完成。

他参与了写功课计划的设计，而且也得到了礼貌性的警告，妈妈也尽可能公正无私地处理了这件事。

赢得孩子的合作

现在的家庭已渐渐成为不可分割的整体，所有成员无不以争取整体利益为依托。合作的意义便是每个人都一起朝向使"家庭"更好的目标迈进。妈妈应采取适当的方式赢得孩子的合作。

孩子以鼓舞和赞美赢得合作

妈妈在帮八个月大的小莉换尿布时，小莉很不安分地又踢又翻又滚，这使妈妈有点儿恼怒，于是轻轻地打了她的屁股一下。小莉似乎觉得委屈，不禁号啕大哭。

八个月大的婴儿虽然不会说话，却似乎能够感觉出妈妈恼怒的情绪，这好像很不可思议。我们总是不相信婴儿的智力，而将他们当作什么事也不懂的人，因此长大之后，也会变得笨笨的。事实上妈妈如果能够仔细地观察，应该不难发现其实婴儿很聪明。以前面的故事为例，妈妈必须做的是训练小莉和她配合尽快将尿布换好。妈妈首先必须了解小莉的行为目的，这样才能赢得她的合作态度，然后重新安排对小莉的训练课程。每次小莉在妈妈帮她换衣服或换尿布时故意捣乱，妈妈便对她微笑，轻轻地将她的手放好，同时对她说："我的乖宝宝要学习不要乱动，手放好，对，这才是妈妈的乖宝宝，宝宝好可爱、好安静哦……"即使小莉听不懂也无妨，她会了解妈妈的意思！因为妈妈的微笑对她是一种鼓舞和赞美。小莉终究会感受到这个甜美的赞美，从而配合妈妈。同样的道理，她对妈妈的生气、皱眉也是一样敏感，同样也会有反应。妈妈可以等小莉不再乱动时放开她，如果她再乱动，妈妈便再将她的手放好，这样小莉便能学习和妈妈合作了。

"合作"不是服从权威

有时候妈妈会发现很多词语的意义需要重新评估。"合作"这个词就是其中之一。在过去的时代里，"合作"就是听从控制者的话，也就是绝对服从权威。但是现在这个词有了新的意义：人与人之间必须因为需要而一起工作、互相配合，人人拥有更多的平等和自由。同时相对地，妈妈也必须承担更大的责任。“权威至尊”的情况已不复存在，我们必须处处表现合作的技巧。妈妈不能再要求孩子“听从妈妈的话”，而必须学习某些方法以赢得他们的合作。

每天早上除了叠被之外，妈妈还给四个孩子分配了固定的任务：大妮打扫浴室，小妮洗餐盘，小文清理客厅，小武则负责倒垃圾。妈妈每天总是要先提醒他们，然后再唠叨个不停，有时甚至对他们大吼或处罚他们，好让每个人都把该做的事情做完。她最常对孩子说的一句话是：“我们尽量合作，不然你们的麻烦更大。”

妈妈的意思很明显：“乖乖听话做事，否则……”她是以绝对的权威给四个孩子分配工作的，而且规定他们一定要做完。但是四个孩子的心中渐渐酝酿反抗的情绪。妈妈的态度俨然像一个老板，她强迫孩子遵照她的意思，而不是赢得他们的合作，结果引起孩子敌视的态度，认为妈妈存心“整我”。妈妈要如何才能赢得孩子的合作呢？她可以花一些时间和大家一起讨论、沟通。他们可以将所有的工作列出清单，妈妈说明她所要做的工作，然后要求其他孩子选择自己可以负担的工作。这种做法表示妈妈尊重孩子的自主权。如果任何人偷懒，不做自己所选择的工作，妈妈也不必唠叨或责备。如果继续偷懒一星期，妈妈可以再集合全家开一次会，在会上提出：“老二选定这个星期打扫房间，结果他都没打扫，大家认为该怎么处理这件事？”妈妈使用“大家”这个字，即将责任归诸整个家庭，而摆脱了权威者和裁制者的角色。凡是家里的一分子都可以提出意见，也都可以参与解决问题。另外整个家庭会给他压力，大人的压力只会徒增孩子的反叛心理。合作的意义便是每个人都一起朝向使“家庭”更好的目标迈进。

四个成员所组成的家庭就好比踩踏板的四轮车，每一个成员就好比四个轮子。四组轮子务必一起转动才能带动车子顺利前进。如果任何一组轮子卡住了，车子便会停住甚至失去方向而乱撞。每一个轮子都很重要，缺一不可。同理，任何家庭都是如此。

学会为团体着想

谈到训练孩子的合作态度的同时，我们也应该先要求自己付出。我们不应该一味地要求孩子来听从我们的意见，而应该彼此协调意见以达到目标。如果家人彼此间无法达成协调，我们可以确定是某一方缺乏合作态度。

家庭中的每一位成员都应该学习为集体着想。我们不应该再强迫孩子做事，而应该考虑“情况所需”，如果我们想要帮助孩子学习合作的精神，我们就必须了解合作的真正内涵。

为人妈妈者经常遇到的问题是不知道孩子几岁时才适合帮忙做家事。每每看到刚学走路不久，还摇摇晃晃的孩子要帮忙整理桌子时，我们总是会说：“不用了，你还太小。”等她长到六岁时，我们又要求她帮忙整理桌子。小孩子的心里在想以前我们都不需要她，为什么现在需要她呢？无疑地，我们抹杀了孩子想要做贡献的意愿。总之，我们如果从开始就尊重小孩子自动帮忙的意愿，他一定会全力以赴，而且很欣喜，得意自己能如愿完成。

七岁的小丽得了流行性感冒已经一个星期了，所以这个星期只有五岁半的小娜和四岁的小兰在游戏室里玩耍。到了星期六早上全家大扫除的时间，而这天正是小丽感冒刚好可以下床的第一天。当大家要清扫游戏室时，小丽便说：“我想我不必帮忙打扫这里吧！这整个星期我都没有来这里玩儿。”妈妈说:“但是我相信小娜和小兰一定希望你帮忙的。”小丽想了一会儿,结果还是帮忙打扫并将玩具归位。另外她注意到最上层的玩具架好像很脏,于是便建议:“我们来把这里弄干净,好吗?”三个孩子和妈妈开始愉快地动手清扫了。打扫完毕后,小娜大喊道:“哇!看起来好好舒服啊!”小丽同意地说:“对啊!”她又得意地补充说:“这是我们分工合作的成果呢!”

小丽提出不打扫游戏室的意见,这是可以理解的。不过因为这个家庭的成员之间已经建立相当良好关系。妈妈很聪明地赢得了小丽的合作,虽然妈妈可以了解她的想法,她感冒刚好,多休息是应该的,但是妈妈为她说明基于情况所需,而且妹妹也希望得到她的帮忙,让她感觉到身为家里的老大帮助妹妹是非常值得骄傲的事。于是她更积极地提出要打扫玩具架的建议。全家人终于在非常愉快的气氛下完成大清扫的工作。

怎样使孩子自动合作

如果使用委婉的语调,妈妈一定能赢得孩子的合作,你可以让孩子明白妈妈确实也考虑到他的立场。有些用词或语气可以增加调和的气氛,降低反抗心理并赢得他的合作,例如,你可以说“很抱歉打扰你”,或“我知道你可能不喜欢,不过如果你……你一定能帮我很大的忙”,或“如果你愿意帮忙,我会好高兴”等。

小杰的父亲刚刚去世。他才十岁,和妈妈住在郊区,每个星期六都要到镇上去上音乐课。小杰很想将这堂课调到星期三——他唯一的空闲,这样他星期六就可以参加球队比赛,但是因为每个星期三是妈妈和朋友聚会的时间,所以妈妈不同意小杰的意见。因此这对母子之间的沟通陷入了困境。

一天，当妈妈告诉他接受他的请求时，他一脸半信半疑的表情，因为他觉得妈妈一向顽固，她不太可能接受这个意见。妈妈向他保证她是真的同意，但是小杰却突然改变了主意。他不希望妈妈这样。“为什么呢？这样你星期六就可以参加球队比赛了，这是正当的健康活动啊！”这个小男孩想想之后说：“不，我不应该这样，自从爸爸过世之后，朋友对你来说很重要。我不应该剥夺你们相聚的时间。”“好吧！那你说现在该怎么办呢？”“我想我们最好让它维持现状。”

小杰为什么会突然改变心意了呢？显然他已不再有被压迫的感觉，所以自发地观察整个情况的需要而自动改变心意。任何人受到压迫便容易失去理智，所以如果我们以强迫的方式一定无法赢得别人的合作。

A GOOD MOTHER IS BETTER THAN A GOOD TEACHER

第七章

正确与孩子沟通，让孩子做出对的行为

在孩子的思想尚未定型的初期，妈妈有效地诱导能让他们更加快速便捷地认知世界。相信他们，只要你给他们提供正面的诱因，他们一定能做好。

当然，诱导与贿赂是不同的，贿赂只能是无止境地放纵他们；诱导需要你给他们提供正确的价值观念，更有效地发现错误、认知错误、克服错误。无论工作还是学习，妈妈正确的诱导都能给孩子带来动力，这是他们涉足社会、适应社会的第一步。

让他找到自己的价值

每个人都会有一种获得报偿的心态，认为付出了就应该有所回报，这是很正常的。对于孩子来说，你有时候也应该满足他们的这种心理欲望，但是你还有必要告诉他们，回报不是必然的，如果任何事情都需要回报的话，那就会有很多事无法达成。

正确的报酬心态

人们常说好人有好报，但每次做好事都希望得到报酬的心态并不正确。在现实生活当中，做好事并非都能获得报酬。有时人们只是享受自己的成功或无私的乐趣，甚至有时人能够从奖励别人当中获得快乐。

跟你的孩子说："谢谢你帮我忙。"而不是给他一块钱，这就是在提醒他，别人也需要他帮忙。合作和帮助，本身就是目的，你的孩子得学会看事情的背面，自我审视。

下面是一些例子：

你去拜访朋友，现在是该告辞的时候了。现在问题是，如平常一样，孩子黏着电动火车不放。他完全着迷于闪亮的灯光和弯曲的轨道，那上面有一辆鲜红色的火车正往前开进。

你以前已经有过这种经验了，早上，你就对他说得很清楚。"孩子，如果你今晚乖乖回家，到家后，我会在你上床前，念三本书给你听。"

"好的。"他高兴地说。

但很明显地，现在他已经忘了。你已经多给了他五分钟，他还是无动于衷。

“不要！”当你要帮他穿上外衣时，他尖叫着，“不要！再玩儿一次嘛。”你受够了，你也看出主人很着急要收拾东西，好准备上床睡觉了。这时，你很想在他耳边轻声说：“孩子，如果你现在就走，我就给你家里最后的那块糕饼。”你对这个想法感到很尴尬，偷偷地看看四周，想知道是否有人洞悉你已屈服于诱惑。没有人晓得，但有件事阻止了你，那就是你不能让孩子掌控大局。

因此你低下身来，坚决地说：“孩子，我们今晚说好了。你最好乖乖回家，否则的话，我们会带你出去，回家后，你就直接上床睡觉，不念故事书给你听了。”

他大有可能会离开。（很清楚地，你对于所做的约定不必太过严格，年幼的孩子可能需要有人提醒他。若只因为他一开始表现不好，就毁掉先前的约定，是不恰当的。一旦你提醒他了，而他却不理你，那么你就可以让他知道你是来真的。）

但如果你并没有事先提出警告，又该如何呢？你会答应给他糕饼吗？你会的。但同时你开了一个危险的先例。先说出后果会如何，要比施贿来得好多了。“如果你现在不乖乖走，明天就别想吃点心了”或是“如果你现在就走，回家后我就给你糖果”，这两句话的效果是不一样的。

如果你以前没用饼干和糖果来贿赂他，你就可以安然脱身。但如果你有，你就得要经历一番交战，抱起他，带他回家。多经历几次，他就会明白了。

别让孩子拥有特权

为人妈妈者应该知道小孩子经常认为自己拥有特殊的权利。利用小孩子这种心理，妈妈可以有效地改善很多情况。例如，妈妈如果看到六岁的儿子在吸吮大拇指时，什么话也不要说，妈妈也可以自然地吸吮大拇指。他一定讨厌你的动作，因为他觉得只有他有这种权利，妈妈不应该有。妈妈如果持续这种吸吮拇指的习惯，不久，我们就会发现这个孩子就会放弃吸吮拇指的习惯。

什么时候也不能失信

我们在许多场合，经常看到一些跟妈妈斗气的孩子，那是因为妈妈的许诺没有兑现。有的孩子会气愤地说："妈妈骗人！"大量的事实证明，为人妈妈者须切记：做不到的事绝不要乱许诺，平时不要轻易许诺。有的妈妈为迎合孩子的心理，不论孩子要求什么都一一答应，今天是一块巧克力，明天是一支棒棒糖。而当许诺不能兑现时，孩子就会认为你说话不算数，对你失去信任和尊敬，渐渐地不听你的许诺，或者模仿着来对待你，甚至养成说谎的习惯。为培养孩子的优良品格，请妈妈对孩子也要遵守诺言。

望子成龙的妈妈，为了让孩子好好学会一项本领，或者安心把一件事做完，比如学弹一首曲子，画完一幅图画，把积木搭完等，常常是软硬兼施，最拿手的一着儿就是许诺，"给你买个玩具！"或者"给你吃巧克力"等，这一招常常见效。但孩子学习的效果却并不尽如人意，只是为了完成任务，得到奖赏。以后再碰到类似的情况，孩子并没有自发自愿地去做，然后妈妈只好再次扛起"许诺的大旗"。久而久之，甚至会挫伤小孩子的学习兴趣，因为他只是为了礼物，为了食品而在"工作"。

因许诺而发展起来的这种行为常常不会是主动的，而是被动的。这种被动行为不易巩固，更谈不上发展。如果需要让它维持和发展下去，只有新的、更高级的许愿才行，否则孩子的积极性或兴趣就会立即大打折扣。

其实，这种情况，心理学上早就有过这样一个著名的实验。一位心理学家挑选了一些喜欢绘画的孩子，将他们分为两组。A 组的孩子们得到了一个许诺，即“画得好，就给奖品”，而 B 组的孩子们则只是被告之“想看看你们的画”。两个组的孩子都高兴地画了自己喜爱的画。A 组的孩子们得到了奖品，B 组的孩子们只是得到了几句平常的赞语。

三个星期以后，这位心理学家发现，A 组的孩子们大多不会主动去绘画，他们绘画的兴趣明显地降低了，而 B 组的孩子们则仍和以前一样愉快地绘画。这个实验曾在不同的国家、不同的兴趣组里进行过，实验结果得到了反复地验证。

这个实验告诉我们，奖品固然可以强化某种良性行为，但它又有使人只对所获奖品感兴趣而对被奖赏行为本身失去兴趣的危险。

从这件事上我们不难联想到孩子在幼儿园为什么对老师的话那么重视。如果哪天孩子在幼儿园里得到老师的表扬，哪怕只是“今天吃饭很快”或者“圈圈画得很圆”，他也会兴奋很久，回到家忙不迭地告诉爸妈，然后第二天就可能早早盼着去幼儿园了。这就是精神奖励的作用。老师当着小朋友的面这样表扬他，说明他很能干，做得好，其他小朋友都要向他学习呢！

孩子犯错后的引导

和孩子沟通很重要的就是要让孩子了解：人人都可能做错事情。尽管如此，他仍旧是一个有自尊心、有价值的善良的人。同样也要让他知道你重视他的感觉胜过他做的事。对你来说，问题或事件背后的原因比他所犯的过错更有意义。这个信息将会对建立良好的互信关系有很大的帮助。

正确与孩子沟通

孩子有时会说谎欺骗别人、伤害别人、态度粗鲁或者做其他等不负责任的事。

此时，妈妈要懂得在孩子做错事情的时候要顺势引导，不要只是大骂一顿就不管了。对这样的孩子和这样的情况，可以和孩子谈话，在开始谈话之前要让孩子知道你相信他是个善良的孩子："我知道你是个诚实的人，我看过你所说的和所做的许多事情，你今天一定很不好受，所以才会说谎。"然后要试着让孩子说出原因，表现出你很想知道他到底怎么了，为什么他会有这么不寻常的举止出现呢？他说谎是不是有什么特别的原因呢？让孩子明白，你很关心他，一定是有很不好的感受，所以他才会说谎。

在你和他谈过之后，要让孩子了解，不管什么理由，说谎都是不对的，而且他得接受处罚。你可以自己决定也可以让孩子自己选择处罚的方式。要尽量让处罚和孩子所犯的错误有关联，至少要合理。

对较年幼的孩子来说，处罚并不比找出问题的解决方法来得有效，孩子正是发展对错观的阶段，所以处罚只会被视为没有原因的严厉惩罚。要将不好的行为转变成好的行为才是比较有效的。假如孩子在房间里到处乱扔小珠子，大叫说"下雨了"。告诉他那样看起来很好玩儿，可是要捡回所有的珠子是很困难的，并且捡起一些珠子来证明你说的是事实，再带他到外面去，鼓励他去玩儿其他的游戏。

用正面的方式来引导可以减少孩子的反感。他知道他做错事了，所以妈妈会生气，他被处罚是应该的。否则，尽管他可能会感到后悔，但是他一点儿也不喜欢这样的情况，所以他可能会比较有防备心，等着和你奋战。

妈妈如果想解除他戒备的心态，同情将会是很好的工具，同时让孩子了解你也是个有思想、有感觉的人。既然事情已发生，妈妈应尽量用有益的和支持的方式和孩子沟通，这样才可以帮助孩子打开心房。

诱导孩子切勿吹毛求疵

其实我们只要仔细地思考便不难理解人类的行为大多基于本能反应，错误是不可避免的。如果我们多关心孩子表现优异的一面，不断地给予信心和鼓励，他们犯错的次数一定愈来愈少。

八岁的家明已经写完给奶奶的回信。妈妈叫他拿来给她看。他很不愿意地把信交给她。“天啊！家明，怎么写得这么难看，你就不能写整齐一点儿吗？而且还错了三个字。来，重写一次，写成这样怎么能寄给奶奶？”妈妈直接将错字改在信上，于是家明又重写了一次。结果他的错字愈来愈多，因此不得不写了一张又一张，直到最后他终于生气地大哭。他将笔狠狠地摔在地上大吼说：“我不会写，也不要写了。”妈妈向他建议说：“你可以先去做别的，过半个钟头再回来写吧！”吹毛求疵会造成孩子的挫折感。

过度的吹毛求疵是管教子女的大忌。家明兴致勃勃地写信，奶奶也一定很高兴接到他的信，谁在乎错字，而妈妈的挑剔却使他厌恶写信。当妈妈挑出信中的错字时，她同时也在抹杀儿子积极、主动的意志。由于内在意识受到压迫，所以他的错字愈写愈多，最后他完全失望了。这种结果实在令人惋惜。因此不断地挑毛病只会使孩子对自己更没有信心。

如果妈妈能用鼓励的方式叫家明写信给奶奶，家明一定能表现得很好，因为他的信心增加，心情轻松，他可能将信的内容表达得更丰富。这时妈妈可以进一步找一些模范书信来给他看：“这些信都写得很好，你可以多看看。”家明一定很有兴趣，因为他已经很自信自己也能写得很好。至于错别字，妈妈可以暂时不去理会，重要的是他所要表达的感情。

这是为人妈妈者常犯的错误，我们经常监督似的观察孩子的行为，遇到他们有错时，便急切地纠正，直到他们做得完全无误才肯罢休。在我们的观念里似乎认为对孩子的训练便是让他们达到完美无缺。其实我们只要仔细地思考便不难理解人类的行为多基于本能反应，错误是不可避免的。如果我们多关心孩子表现优异的一面，不断地给予信心和鼓励，他们犯错的次数一定愈来愈少。

纵然如此，我们还是不免无时无刻地不在担心孩子长大后会变坏，养成坏习惯，误入歧途；因此我们总是随时盯着他们，唯恐出了差错。不过这种方法对孩子不但没有激励作用，而且使他们觉得得不到妈妈的信任而产生挫折感。我们既然不断地否定孩子的能力，又如何期望他们表现优异呢？

如果我们老是挑孩子的毛病，不仅会使他们存在着自己经常犯错的印象，更糟的是使他对犯错产生恐惧感。这种恐惧的心理可能会导致孩子拒绝做任何事以免做错。恐惧的压力使他变得无能。他会认为凡事做得不完美就是由于他的愚笨、无能。但是完美是一个不可及的目标，盲目的追求完美只会使人迈入绝望的境地。

古人有云：“人非圣贤，孰能无过。”我们经常在行动之后才知道结果是错的。有时必须从错误中找出原因，所以我们应该有勇气面对不完美，也只有从一再的错误中，我们才能得到真正的学习和成长。如果我们正确地引导孩子尽量减少犯错的次数，他们将永远保有学习的勇气。一次的犯错并不能否定下次的成功。

怎样面对孩子的过失

孩子在成长的过程中有错误或失败是在所难免的。要想孩子少犯错误，免蹈覆辙，妈妈的态度非常重要。

有一个企业家在回忆录中写道："上小学时，即使我玩儿得过分，成绩退步了，妈妈也从不严地厉责骂我。当我把成绩单交给他们看时，他们看看各门功课的成绩，然后看看我的脸。当然我觉得很不好意思，而且等待着挨妈妈的骂。然而他们却没有骂我。这样反而使我感到更加愧疚，决心下学期一定要好好读书。"

日本有一届议长在回忆他的童年时，也说过："小时候母亲经常要我去买东西。有时我不是买错了，就是买漏了。但是母亲发现后，从不责骂，只是说明天再去买回来。"这样就养成了我把要做的事都写在纸上的习惯。

从上面这两人的回忆中，我们可以看出孩子犯了错误，他们自己也是有愧疚、有改正的欲望的，而且也会想办法改正。问题是妈妈怎样对待，怎样启发他们认识错误和感到愧疚。在前面的章节中我曾经几次谈到，简单地责骂孩子的错误和失败常易引起孩子的反感；甚至原有反省的，也不去反省。因而又重犯错误，一而再，再而三。

但是要做到启发孩子的自我反省，信任孩子能改正错误却是不那么容易的。我们日常最常见的是简单的责骂，或者埋怨孩子不听话："你看，我所说的没有错吧！"或者当孩子不听大人的忠告而失败时，妈妈会说："我的判断是正确的吧！你总是不听！"

妈妈想迫使孩子确认他们的判断是正确的，从而使孩子对他们唯命是从，他们的用心是可以理解的。问题是这种埋怨和责问实际上等于剥夺了孩子的自我判断，会使孩子丧失自信。有的甚至还会对妈妈的这种怨辞感到反感：“什么都是你说得对！”

所以当孩子出了差错，尤其是当孩子反省自己的差错时，妈妈应保持沉默。当然，有的母亲也会讲，孩子会反省什么过失，他们根本就不会感到愧疚，所以才骂。我觉得这种看法是不完全正确的，孩子到了一定年龄都会有一定的判断能力，简单的好坏还是能区分的，并且也有一定的自尊心和羞耻感，因而做错了事，由于贪玩儿而荒废了学业，考试不及格，他们是知错并有一定的羞愧感的。当然，不同的孩子羞愧的程度不同，这倒是存在的。问题在于怎样启发他们的自尊心、羞耻感，进而反省，自我下决心改正。

日本儿童心理学家和幼儿教育家多湖辉在他一本关于子女教育的专著中曾讲了一件自己亲身经历的事情：

他念中学时，校风非常严谨，课堂上答不出问题，就要留校补课。老师用心良苦，而他却并不感激，而且对老师抱憎恨的态度。他一向成绩不好，经常留校，于是只想如何在学校捣蛋。在高年级时，他和一群劣等生引起了一阵轩然大波：弃乱了存放军训教材和枪械的教室。事后，他们才发现事态严重，会面临退学的危险。回到家里，他准备接受母亲的责罚，但母亲却只说：“现在你要后悔也来不及了，过去的事已无法挽回。这次滋事的后果，我想你心里有数，所以我也不再说什么了。你可能会被勒令退学，你就想想将来该怎么办吧！”

这些话比任何斥责更令他深感内疚和对不起妈妈，于是他发誓此后绝不再给母亲带来任何麻烦。

同时还应记住一点：人在犯了错误时比任何时候都更需要关怀。

了解孩子犯错的原因

小孩子正值学习的阶段，他们犯错的机会一定很多。如果我们习惯采取批评、挑剔的态度来指正他们的错误，无形间将使他们不能改进错误的现况。例如，很多小孩子说话时偶尔会结巴，如果没有受到任何压力，这种情形通常很快就会自然消失。但是如果我们对类似这些小错误过于敏感，加上求好心切的心理希望孩子能马上改过，结果不但不能如愿，反而会带来更大的困扰。因此，批评的方式并不能引导孩子，只会增加他们的挫折感。

为了正确地引导孩子，妈妈必须注意观察一种行为的原委，是无心的错误？因不懂或缺乏经验而犯错？或者有任何不可知的原因？以前面家明的故事为例，家明是由于遭到挫折才会失去再提笔写信的勇气，所以他所需要的则是妈妈的鼓励，帮助他恢复信心，帮助他克服行为缺陷。

除了各种不同原因而犯错外，如果小孩子的错误行为是为了达到某种目的，这便不再是一种“错误”的行为，而是行为的“缺陷”。

妈妈和五岁的小丽到公园野餐时正巧碰到妈妈的朋友。妈妈向她的朋友介绍小丽时，小丽咬着手指，身体紧黏在妈妈身边。“小丽，来，不要怕羞。”妈妈一面拉着小丽，一面转身对她的朋友说，“不知道她为什么特别怕生，家里其他的孩子都不会这样。”妈妈说完以后，小丽显得更退缩了。妈妈的朋友蹲下身来友好地接近小丽。但小丽还是绷着脸不敢把眼睛抬起来注视她。

因为小丽害羞的行为本身隐藏着一个目的，所以妈妈一味地告诉她不要怕羞，这对她根本产生不了作用。如果大家越注意她这种缺点，结果只会越扩大这种毛病。小丽也认同自己是家里唯一会“害羞”的孩子，这正是她和其他孩子不同的地方。如果我们找出她表现怕羞的原因，我们便了解她的目的就是希望借这种行为来争取别人的关注。别人为消除她的怕羞而亲近她，她便如愿地成为别人注意的焦点。害羞的表现既然可以使她的心理得到补偿，她何必改变这种行为呢？

如果小丽的怕羞行为得不到如期的注意，她便没有必要继续显得怕羞。因此，妈妈可以得意地向朋友介绍她，但态度上必须很谨慎，如果她对妈妈的介绍没有反应，妈妈也不必管她，可以继续和朋友谈话。妈妈应该尽量不要将小丽的怕羞放在心上。如果朋友不解地说：“她好像很怕羞哦？”妈妈可以回答：“还好，她现在大概正好不想说话，等一下就好了。”

如果希望帮助孩子克服行为缺陷，我们必须先找出他的行为目的，然后很自然地漠视它，自然地做自己该做的事。千万不要过度敏感或紧张地采取行动。

小丽今年六岁半，她有一个八岁的哥哥小雷——一个人见人爱的小男孩。小丽则老是爱哭。妈妈和小雷都叫她“爱哭娃”。妈妈总是骂她爱哭，小雷则老是取笑她，或故意惹她哭。有一天全家一起去游泳，车子开到游泳池时，两个孩子一打开车门就兴奋地往前跑。小丽因跑得太急而跌倒，身上有一点儿摔伤。她便开始不停地啜泣，而且没有人劝得了她。小雷轻蔑地大喊：“天哪，她真爱哭。”

爸爸也严厉地对她说：“小丽，没摔疼啊！不要哭了，走，游泳去。”小丽抱着她的腿还是不停地哭：“痛啊！我要擦药。”爸爸又命令她：“好，不准哭了！不用擦，你只要下来游泳就好了。”妈妈也不耐烦地说：“小丽，不要再哭了，来游泳。”小丽还是一动也不动地站在原地哭。他们最亲爱的姑妈也来了。小丽的哭声不但没有停止，而且越哭越大声。姑妈走到她身边，蹲下来问她发生什么事，并安慰她一番，但是她还是继续哭。最后爸爸便对姑妈说："艾丝，你就是再安慰她三小时，她还是会继续哭，她就是这样，很爱哭，去游泳，别管她，让她哭好了。"全家人都下游泳池了，把小丽一个人留在池边。过了一会儿，她也自己跳下游泳池，一会儿工夫她便玩儿得很开心了。

小孩子的哭声经常会博得我们的怜爱。我们总是不忍小孩子受苦。小丽很早就抓住大人的这种心理。但是由于她表现得太过度了，因此家人都觉得厌烦。然而，哭还是很管用的。虽然她挨骂，惹人厌烦，但至少大家都注意到了她的哭声。即使成为"爱哭娃"，她还是愿意继续扮演这种惹人厌的角色。最后全家人都识破了她的目的，索性让她哭个痛快，大家自顾自地去游泳。小丽被逼得不得不放弃扮演这种角色。

如果妈妈想要帮助小丽不再做个"爱哭娃"。首先她必须了解她爱哭的目的是为了获得别人不停地关注，接着他们应该尽量避免提到爱哭这件事，也不要认定她本来就爱哭，最后渐渐地将这回事淡忘。如果碰到前面例子的情形时，妈妈可以仔细地检查孩子的伤口，表现适度的关怀，然后松口气地说："妈妈好心疼呢。不过，过一会儿就好了。你先在上面休息一下，等会就下来游泳。"其他人可以各自先下水。如果小丽看到哭起不了任何作用，她便会改变自己的行为。运用这种渐进改变孩子行为缺陷的技巧时，我们要同时注意她的情绪和态度的变化。

勿视小错为大过

犯错误是人类的天性，犯错是在成长过程中不可避免的。孩子可以在错误中学习和不断完善自己。所以妈妈应根据孩子的性格，针对不同的错误，采取不同的态度，千万不能将小的错误都当成大的错误来处理。

妈妈常常需要处理孩子或小或大的过错，处理时应该针对孩子的错误行为，要注意不要伤害他的自尊心，尤其注意不要将小的错误看成大错。

第一，不管是什么样的错误行为，妈妈都必须提醒自己，孩子除了犯错之外，还有许多优点。此外，犯错是人类的天性，孩子还要在错误中学习，发展社会意识，并且了解如何去面对诱惑。犯错是在成长过程中不可避免的。

第二，当妈妈认为孩子犯了不可原谅的错误时，换个角度看看，事情真有那么糟糕吗？你能静下心来了解它是如何发生的吗？你能站在孩子的角度来看为什么没有那么糟糕吗？

第三，下次孩子又犯错时，要视其错误为独立事件，千万不要一般化，而且不要将问题夸张化，即使那真的是个大错误。

当你的孩子已经是第五次忘记写作业时，千万不要对他大吼："你怎么这么不负责任！我真是不敢奢望你能记得任何事情！"不如这样说："写功课这件事不能再这样下去了，你得要开始认真地看待你的作业，对你自己负责。"

假如你的孩子犯了比较严重的错误，比如说在商店偷东西，你也不能将孩子视为无可救药的罪犯，对他说："我不知道你怎么这么不诚实，你怎么可以这样呢？你不觉得羞耻吗？"你应该告诉他：

“偷窃是不对的，我想你是知道的，你为什么要这样做呢？”

试着去找出不良行为的根本原因，胜过判定孩子“死罪”，而且你传达了某种“相对性”给孩子，告诉他：这是不对的；这是比较好的；这是不大好的等。对事物有通盘正确看法的能力是很珍贵的，它可以帮助孩子顺利地度过生命中的高低起伏。

一个错误就将一个人的价值一笔抹去，抹去所有的优点，这样的定论是很伤人的。事实上，就是这种痛苦的感觉，令人不愿去了解以及面对这项错误。

即使孩子因为某个特别的行为被你责罚或处罚，你还是要让他知道，他并不会失去你或他自己。

此外，也要根据孩子的性格来处理他所犯的错误，假如你每次处理过错的方式都好像是世界末日来临一般，而孩子并不害怕，那他可能就不会认真地看待你的怒气，他不会这么想：“哇，她真的生气了，我不了解我做了什么大坏事。”他可能只会耸耸肩，心里想着：“她又来了，不知道今天晚上电视要播些什么。”

学会原谅自己是很重要的，每个人都不可能十全十美，如果要求完美，只会让自己感到更不完美。你的孩子需要了解尽管竭尽全力，但也会有失效的时候，他应该要有付出合理代价的心理准备。然后，他应该继续前进，丝毫不会觉得自己比以前差。

这种健康且具建设性的态度也会反映在孩子待人接物上。有开阔胸襟接受别人缺点的人，在人际关系中，都会游刃有余。但或许更重要的是，调整你对孩子错误行为的反应，针对不同的状况，对孩子生气的程度也不相同。你等于是在教导孩子生活及情绪管理的艺术。并非每个问题或错误都一样轻微或严重，所以，你不同的反应很重要。

孩子对某种行为的好坏有自己的判断能力，假如你的反应超过他对自己的认知，他将失去信任自己和自我认知的能力。那么他将不会知道什么才是正确的。

A GOOD MOTHER IS BETTER THAN A GOOD TEACHER

第八章

聆听孩子的心声，弄清孩子的真实想法

在中国的家庭中，娇生惯养的独生子女在家庭中具有独特的地位。他们的生活无法自理，经常需要妈妈为其操办，一旦这样，当孩子以后进入社会，他们将面临着极大的压力。妈妈有时候不妨保持一下沉默，让他们学会自己思考，自己去发现问题和解决问题。

当然，沉默并不是说漠不关心，而是需要妈妈聆听他们的心声，给予他们理解与支持，这样才能帮助他们更快地成长。

学会倾听

孩子从婴幼儿时期就学会了用自己的方式来表达心声，啼哭就是一个很好的证明。聪明细心的妈妈会从孩子的任何举动中来了解孩子的意图，从而采取相关的教育方式。其实，任何人都可以做到，只要你用心去倾听他们的心灵语言。

聆听孩子的心声

孩子的观察力是很强的，他们的意见和观点妈妈不应忽视。妈妈应多聆听孩子的心声，多了解孩子内心的想法，帮助孩子减轻内心的压力。

每当小孩子向妈妈提出问题："妈妈，我是从哪里来的？"大多数的妈妈都习惯将它视为玩笑，并拐弯抹角地告诉他小鸟和蜜蜂诞生的故事。"那些故事我都知道，妈妈，我要知道的是，我是从哪里来的？"妈妈只好进一步解释小娃娃出生的故事。结果他还是不满意。"妈妈，小伊来自北京，派迪来自上海，那我呢？"

这是多数人不容易避免的偏见，我们常常会自以为知道孩子们的意思而不用心去聆听孩子的话。我们只顾自己长篇大论，当然不知道孩子在说什么。有些妈妈甚至兴致勃勃地去阅读刊物或看电视节目，来观察其他妈妈所谓明智的辅导。其实自己家里就有很多故事，我们所必须做的事就是学会"聆听"。

阿斐，六岁，正帮爸爸将小手提箱放到车子里的大皮箱里，他们全家人准备去度假。最后他们发现一个小的随身包包已经放不进去了。“爸爸，你可以将妈妈座位上的靠垫放到后座来。”爸爸没听阿斐的建议，又将箱子重新整理，试放了一次，结果还是不行。爸爸回到屋子之后，阿斐把靠垫拿开。爸爸再回来时竟意外地发现这个随身包竟然可以塞进大皮箱了。

孩子有时很能掌握情况，而且观察力也很强，他们的意见通常对我们很有帮助。

虽然妈妈严厉禁止小文将小狗抱进客厅，他还是把它带进了客厅，逗它玩儿。他和小狗正玩儿得高兴时，一不小心碰到桌子，台灯倒下来了，把灯泡摔破了。妈妈气冲冲地跑进客厅，打了小文一巴掌，并说：“你这么不听话，下午不准你去游泳。”小文怏怏不乐地顶撞说：“我不在乎。”

其实小文在乎得很。但是为了维护自尊心，他只好佯装不在乎，他顶撞妈妈也是一种报复的心理。

妈妈需要花一点儿时间来听听孩子话中的含义。小文说“我不在乎”这句话时，其实是想表达“你用任何惩罚都不能使我屈服”。另外，如果孩子大喊“我恨你”时，他的意思是“如果我不能照我的方式做，我宁可不要”。如果他不断地问“为什么”时，则表示他希望你“多关心，多注意我”。

每一个为人母亲者应该都能从娃娃的哭声中判断他的用意。随着孩子渐渐地长大，她也应该能从同样的声音中判断，他什么时候不舒服，什么时候在生气。我们有这种本能，但是当孩子长大后，我们似乎也丧失了这种能力。我们只要听到一声尖叫，就会没命似的冲过来看看究竟怎么回事。其实这正是小孩子尖叫的目的。如果我们能静下来，多听一分钟，我们就能避免迎合孩子的错误目的了。

妈妈只要多聆听孩子的心声，一定能得到很大的收获。不少人认为孩子没有压力，这实际上是一种误解。孩子都会感到有压力，许多孩子还会常常感受到压力，只不过不知道如何应对罢了。这正是妈妈应该给予帮助的。

和孩子亲切交谈

每个人都有自己的观点和看法，即使同一问题我们的看法也不相同。妈妈要想了解孩子的想法，就应该和孩子亲切地交谈，让孩子充分发表自己的看法，和孩子共同解决问题。

妈妈最好以直接和孩子讨论的方式来解决彼此间的问题。但是，实际上真正懂得和子女交谈的妈妈并不多。妈妈经常会使交谈的结果变成命令——虽然不致太严厉，但孩子仍然是处于听训的情境。

青少年与成人之间的最大障碍便是缺乏沟通。如果我们能在孩子小的时候便与他建立起和谐的关系，当他逐渐长大进入青春期时，这扇和谐之门必然仍是打开的。如果想达到这个目标，最主要的是必须尊重孩子，即使你暂时不同意他们的意见。你只要常常静下心来仔细想想孩子所说的话，你便会意外地发现孩子思考能力的进展非凡，他能够将自己所认知、观察和吸收的知识加以组织、综合起来，然后下结论形成一套属于自己的想法。然而，你却常对他们宝贵的意见轻易地持反对、不赞同的态度，并且强迫他们接受你的想法，一心想以自己的模式来塑造他们的个性、心理和人格。从孩子的角度来看，这就是独裁。不过这并不是指妈妈不能或不应该影响或指引自己的孩子，而是不应该强迫孩子的行为必须完全遵照你的模式。

每一个孩子都有很强的适应力：他自己能够感受，能应对在生活中所碰到的人、事，依照自己的模式渐渐形成属于个人独特的人格。

为人妈妈者的责任便是引导孩子，所以你当然必须懂得引导的方法。观察孩子的行为，了解其行为背后的目的，这是相当有效的途径，如果你能进一步了解他的想法，那么收获一定更大，这并不难做到，因为小孩子通常都会很自然地表达自己的意愿。但是如果你对他们的想法，及所表达的意思加以责难、批评，他们会很敏感地不再轻易表达自己的意见以避免这种不愉快的经验发生。渐渐地你与孩子之间的沟通之门就关闭了。

相反地，如果你慷慨地接纳孩子的意见，一起讨论，将可能的结果分析给他听，诸如“接着会发生什么事情？”“然后呢？你认为会怎么样？”这种引导方式能更有效地教会孩子如何解决生活中所遇到的问题。

你不应该苛求孩子的想法，一味地批评他的想法“不对”而推崇自己的意见“正确”，这只会使他愈来愈不敢开口。

“阿礼！你知道欺负妹妹是不对的，不觉得丢脸吗？你应该爱护她才对啊！你是哥哥呀！”这是教训的口吻。相反地，如果你以互相讨论的态度来处理这个问题，如你说“为什么小男孩会恨他妹妹呢？你知道为什么吗？”“因为她老是碍手碍脚的。”“除了嫌她烦人之外，还有其他不同的理由吗？”你已经知道阿礼恨他妹妹，然而不管他的行为在道德上是对还是错，总之这件事是存在的，你应该注意的便是要把握正确的引导方向。

许多妈妈经常很容易自以为知道孩子的想法。“我妹妹从小善解人意，颇得奶奶的欢心，而我完全被冷落的滋味至今仍令我记忆犹新，因此我绝不会让自己的孩子再受这种煎熬。”事实上，我的女儿也许根本不会让她妹妹受委屈，也不会和当初我自己那样排斥妹妹，她也许有一套自己的方法。因此，我最好先了解她的想法，而不要认定她会和自己以前一样。

承认他的看法

妈妈必须承认对事物的看法不止一种，你对事物的看法并不是唯一的。

如果发现自己的孩子对事物的看法和你不同时，必须特别当心处理这个问题，万一你的话使他们感到没面子或很尴尬时，他们可能会把那扇信赖之门关上。你应该慷慨地接受一些不同的意见或想法。“也许你是对的，你好好地思考、推敲一番，然后再看看结果怎么样？”如果情况允许，每一个人都愿意重估、证实自己的看法，而不是根据死板的“对”与“错”的观念，把实际的结果作为判断的基础。如果你希望孩子改变想法，你就必须向他们证明另一种方式确实能得到更好的结果。你必须承认孩子也是创造家庭和谐氛围的一分子。他们的意见和观念是很重要的，因为这些是他们行为的根据。你不可能阻止孩子做他自己也认为错误的事情，因为他就是要故意犯错以便达到自己的目的。你的劝阻只会增强他犯错的意志而已。他觉得他有权利表达自己的意见，所以你不可能以一般的逻辑观念来说服他，我们应该了解一种心理、逻辑——当一个人知道某种行为能够吸引别人注意或获得某种权利，或能更肯定自我意识时，即使明知道这种行为是错误的，他也会去做。聆听孩子表达意见就在于发掘他的逻辑。如果你真的要帮助他，就应该引导他从不同的角度去看问题，从而发现自己没看到的一面。例如，喜欢权利的孩子也可能同时希望得到别人的爱戴。事实上，这两者兼得是很困难的。因而你需要和孩子沟通，使他明白这个观念。他心里明白如果想当老大，就不太可能受到同伴的爱戴，因此他必须决定在两者之中选其一。如果你直接告诉他：“你想当老大就不可能有同伴会喜欢你。”这种态度只会加深他的抵触情绪。“别人对老大有何看法？”“他应该怎么做才能两者得兼呢？”“他可能同时当老大又受同伴爱戴吗？”这一类的问题会启发孩子发现他所扮演的角色所会面临的问题。另外他也必须承认这一切后果都是由他自己选择的。

假如妈妈听到两个儿子在玩儿扑克牌时发生了争吵，因为其中有一个人耍诈。她决定暂时不介入他们的争执，而准备在一种比较和谐的气氛下，才把这个事件拿出来讨论：“你们都知道欺骗是不对的，而且又会破坏融洽的气氛，彼此伤和气，为什么不按牌理出牌呢？以后不要再犯了。”虽然她的语调和缓，不愠不火，但是这只是说教，而不是讨论，这是逻辑，而不是心理分析。

妈妈可以过几天后再和孩子进行讨论：“我想知道一件事。”这时孩子一定会觉得很好奇，妈妈到底想知道什么呢？然后再进一步说：“假如两个人在玩儿游戏，但是其中一人骗了另一个人，结果会怎么样？”“他们会吵架。”“你想那一个为什么要骗人？”妈妈可以从孩子的回答中了解他们的想法。其中一个孩子说：“因为他想赢。”“因为他不想每次都输。”最后，妈妈可以问：“这样的结果，游戏还有乐趣吗？你们认为那个耍诈的人要如何面对被欺骗的人？这两个人会不会因此懂得如何公平地玩儿游戏？要怎么样才能使游戏有趣但又不会彼此伤害？”问完这些问题，妈妈对于整个事件的真相了解之后，可以说：“我很高兴知道你们的想法，你们给我很大的帮助。”

“命令孩子”只是主观地告诉他我们的想法，并要求他遵从我们的话去做，意味着要求服从的心态。而“与孩子讨论”则是我们与孩子共同追寻解决问题的方法或者共同改善某些情况。因此对于家庭的和谐以及让孩子了解他们的行为都比较有效。

了解你的孩子

小孩子是非常敏锐的观察者，但是在诠释他的观察结果时，经常会造成很多错误，而推导出错误的结论，因而选择错误的解决方式。

小孩子时时都在观察他周围的事物，将所见所闻理出一套自己的论点，并寻找行为的方向。从孩提时代开始，每个人都必须学习调适并掌握自己内在和外在的处境。天生的遗传条件是他所必须面对的内在处境。一岁之前他几乎都在学习控制并运用自己的肢体。学习如何使自己的手脚动作配合，这样他才能改变他身体的位置，抓住他想要的东西，学习用眼睛看并诠释自己所看见的东西，学习听、感觉、品味和消化。之后他还要学习运用心智来解决他所面对的工作。这些学习达到一个阶段，他便要学习掌握自己内在的处境，找出自己的能力和缺点。于是当碰到困难或面对抉择时，他便会懂得或放弃或予以补偿。他甚至还可以从面对困境中学习到特殊的技巧。

根据观察，人类的每一个行为背后都隐藏着目的，而且准备达到一个目标。有时候知道行动的目的，有时则不得而知。相信每个人都会有一种经验，会自言自语地说："怎么搞的，我为什么会这么做呢？"其实，我们的困惑是有道理的。因为我们的行为中蕴藏着不可知的目的。小孩子的行为也是同样的道理。如果我们希望一个小孩子能改变行为，我们就必须了解他做这项行为的原因。只有改变他的动机，我们才可能使他改变自身的行动。有时我们只需要观察他的行为反应便能很容易找出他的行为目的。如孩子惹妈妈生气了，而事实正是要惹妈妈生气，当然，这不是他的本意。他的行为中也包含了一个目的，不管妈妈是吼他、打他，或责备他，总之的确是吸引了妈妈的注意力。这就是宝宝心中那个不可知的目的。虽然他自己不晓得，但是他每天几乎有几百次的行为是为了达到这个目的。如果妈妈任凭宝宝吵闹，对他的行为没有反应，或使用鞭打来使他停止吵闹，结果只会得到反效果，他一定会吵得更厉害。宝宝拍脚就是在表达他的感情，“妈妈看我啊！跟我说话嘛！不要把你的头埋在账本里”。如果妈妈能了解他的情绪，她便知道宝宝的行为动机，那么她便能轻而易举地掌握这种情况。下面有很多方法可以帮助你更了解你的孩子。

既然小孩子也是社会生活的动物，那么，他行为的最强烈动机便是寻求归属感，这种感觉可以使他在群体生活中获得安全感。因此这是他的基本要求。从婴儿时期开始，他便不断地寻求身为家庭里一分子的方法。从不断地观察和尝试中，他会找出结论，选定一种行为方式来达到他的基本目标。而这种方式便成为他的直接目标，形成他的行为基础，也就是他的动机。因此我们可以说他的行为是有方向的目标。小孩子从来不会知道在他行为背后的动机。因此妈妈问宝宝为什么要拍脚，他确实不知道原因何在。他解决问题的方法都是他的直觉动作，从尝试和错误中学习。现在我们基本上已懂得引导和了解我们孩子的方法了。总之，我们必须先了解孩子的归属感，否则很难掌握他们的行为。

继续讨论其他几种方法之前，我们还必须对孩子有更多的了解，他的观察力、他的处境及他在家庭里的地位。

每个小孩子在学习面对他的内在处境的同时，他也不断地接触外在的处境。小婴儿的第一次微笑也就是他开始和社会接触的动作。他发现他只要向人微笑便可以得到别人报以微笑的回馈。于是他建立了第一层人际关系，而且他也感觉到微笑可以使自己快乐。随时对内在处境的掌握和进展可以帮助他更懂得面对外在处境。

影响儿童人格发展的外在处境有两个变数。第一是“家庭气氛”。小孩子最初的社会经验得自和妈妈的相处关系。如果妈妈能够提供一种稳定的家庭气氛，那么小孩子便能在这个环境中学习到类似社会生活中的体验。吸收家庭中的价值观、习惯、传统，并且培养出一套妈妈或家庭中所接受的行为模式和标准。如果容忍是家人彼此间的行为模式，他便会将容忍当成他的道德标准，如果妈妈对人格的平等观点有偏差，小孩子长大后在社会上可能会不计一切方法尽量跻身于妈妈眼中的优秀群体中，另外，小孩子和妈妈之间的相处也有相当敏锐的观察力。

妈妈之间的关系几乎可以决定所有家人的关系。如果妈妈的相处是彼此热络、亲切和合作，那么亲子间或孩子间也必然会培养出同样的关系。相反地，妈妈之间总是敌对的态度，小孩子之间通常也会发展出相同的关系。如果一个家庭里爸爸拥有主宰权，妈妈则温顺、服从，那么孩子的心中便会保存阳刚的理想，这对男孩子的影响更大。家庭里所有孩子的个性都受到妈妈所建立的家庭气氛的影响，当然每个孩子的个性可能都不一样，有时甚至有很大的差异，为什么呢？孩子所面对的外在处境的第二个变数是“家庭星座”，这个名词的含义是指家庭里每一位成员之间的角色关系，就像一颗星星的方位和其他星星的配合而形成北斗星座一样。每个家庭各有其不同的星座。角色的接触和影响中便会出现各种不同的人格。星座中每个人的方位改变——他所扮演的角色会影响整个家庭的关系和家人的人格。

父亲、母亲和宝宝是构成家庭的基本成员。母亲所扮演的角色和太太不同，父亲的角色也不同于丈夫。宝宝的诞生使夫妻之间的关系出现了一种新的尺度。在家庭的角色中他是扮演妈妈的独生子，但这和他本身的观点则有稍微的出入。他是接受妈妈关注的一方，而妈妈则是付出关注的一方。因此这三个人之间一直进行着一种施与受的恒定模式、角色互动的模式。

第二个宝宝诞生后，家庭中原先的三个角色的方位势必变动。原先的“宝宝皇帝”便要下台，现在他必须面对他的角色改变，面对弟弟或妹妹和爸爸妈妈。新成员的加入让这个家庭的星座发生改变，因此第一个孩子便必须重建自己在家庭中的新方位——扮演哥哥的角色。同时新宝宝也会发现自己是在扮演家庭中“宝宝”的角色。但是这个“宝宝”的角色又和第一个孩子所扮演的宝宝的角色意义不同，因为他有一个哥哥。

当第三个孩子出生后，家庭星座中的每一个角色必须再来一次变动。妈妈变成三个孩子的妈妈。现在轮到第二个孩子要让出宝宝的宝座，而且他发现自己排行中间——上有哥哥，下有宝宝。这种角色的变动为这个家庭带来新的互动关系和新的意义。这就是为什么我们经常会发现同一个环境下生长的孩子仍会有很多差异。反而两个不同家庭的老大比同一家庭的老大、老二之间的共同点更多。

随着家庭星座的变动，每个孩子都会找到自己的方位。第二个孩子的出生会在第一个孩子的心中造成威胁。因此为了调适内在处境，第一个孩子会放弃，或者会尝试接受新的角色，经常会气愤自己太早出生，或者想办法克服自己心理的障碍，或者干脆放弃。其实很多角色所代表的意义完全决定于每个小孩子对角色所秉持的态度——他对角色的诠释。几乎每个家庭里第一个出生的小孩子都不会主动地接受这个带头的角色。对角色的不同诠释造成每个家庭星座的差异，因此早期的角色推断可能会导致日后的生活压力。大多数的家庭都存在着一股很强的竞争压力，尤以第一个孩子和第二个孩子间的竞争最激烈，态度和行为上甚至会采取完全相反的方向。这时候如果妈妈更错误地鼓励他们比较、竞争的话，将会使情况更恶劣。

家庭星座中每个角色的行为都决定于他在家庭里的地位。而他的行为同时也和其他孩子的行为互相影响。一个孩子的问题可能也是另一个孩子即将面对的。而他对问题解决方法的选择，一方面受他对角色诠释的影响，另一方面也受另一个孩子抉择的影响。如果他对角色诠释错误——这个情形经常发生——那么这个错误将会继续发展下去。如果妈妈能够观察出这些错误的观念，她们就能引导孩子接受较正确的价值观。（不幸的是，大多数的妈妈几乎都无法了解孩子的行为意义。）

今年暑假妈妈指派十岁的小华和八岁的小军一起修剪前院的草坪，而且规定他们没有做完不准去游泳。小军负责前半部分，小华负责后半部分。一天中午，小军跑进屋子里告诉妈妈说："妈妈，我是个乖孩子，我的工作已经做好了，小华贪玩儿，他还没开始动工呢！"妈妈回答说："乖，你最乖了。你去叫小华来，说妈妈叫他。"于是小军便去找小华，并向他说："妈妈叫你，你不乖，我已经将我的部分整理好了，你还没。"小华气得给了他一拳，于是两人开始了一场"混战"。结果小军哭着回家，立即告诉妈妈小华打他。妈妈对小华说："小华，你为什么这么不乖，贪玩儿不做事，又打弟弟？你们应该相敬相爱。"

其实这一对小兄弟之间的不愉快关系应该追溯到小军出生之后，小华当时两岁，突然变得令人头痛、行为冒失、不礼貌、破坏力强，而且经常惹麻烦，所以妈妈总是要盯着他。小军则长得讨人喜欢又能体贴妈妈，因此妈妈常夸奖他。妈妈猜测小华的表现不好可能是因为忌妒宝宝，但是令她费解的是她也为小华付出很多的时间和精力。而小华所看到的是小军"占有"了他的妈妈，在她的眼里，小军是个完美的宝宝，因此小华完全放弃争宠，他不但没有以更好的表现博得欢心，反而变得更坏，使妈妈能注意他。再加上妈妈心目中的乖宝宝小军又常常因小事而惹怒小华，因此又增加了小华的"恶行"，以巩固自己"受宠"的地位。小华也想借着和小军吵架而让小军失去好宝宝的地位，两人各自采取方法来打击对方，结果让妈妈忙得团团转。这就是个人对角色的错误诠释。

至于有三个小孩的家庭，第二个孩子的角色是相当尴尬的，既要面对"失宠"的寂寞，又偏偏排行中间。老大和老幺通常会联合起来对抗这个共同的"敌人"，因此老二总是受到排挤。他突然会发现自己既没有当老大的好处，而且也没有当小宝宝的特权。因此他会变得自暴自弃、自怨自艾，并觉得生活很不公平。如果这种观念没有得到适当的引导，不平衡的心理将会伴随他一起成长，如果有幸比其他的孩子更有成就，他通常会较重视维持正义。如果中间的孩子是个女儿，而母亲又能注意她的行为，那么她可能以妈妈为学习的榜样和标准，女性的温顺和柔美便会在往后的生活中自然流露。但是如果是注重阳刚的家庭，这个女孩子从小便会和兄弟竞相争执，因此她可能变得比较男性化。另外，中间的孩子如果是一个男孩，那么情况又会不同。如果他能脱颖而出，表现得像个男孩子，那么即使是排行老二，也会被刮目相看。另外，如果是母性家庭，母亲扮演权威的形象，这个排行中间的男孩感觉出母亲鄙视无能的父亲，他便会处于矛盾之中，一方面他会存有男人无能的印象，另一方面他可能会联合母亲来对抗父亲，或很可能会联合父亲来打击母亲的权威。总之他的发展完全根据他对自己角色的诠释。

四个孩子的家庭中，老二和老四通常会变成搭档，也就是说他们会在兴趣、行为和个人特征方面表现较多的共同点。其实在一个家庭中，孩子之间会发展出配合的关系，这并没有一定的规则。无论如何，由于角色中存在着个人差异，因而形成家庭星座，也表现出不同的家庭气氛。

独生子所面对的情况更为特殊。他等于是大人世界中的孩子——巨人世界中的小矮人。他没有兄弟姊妹可以帮他建立和相近年龄孩子间的亲切关系。他的唯一目标是取悦和掌握他周围的大人。他可能会变得像小大人，处处表现出大人的观点，希望和大人一样，或者他可能变得永远和小孩子一样无助，总是表现得比别人差。他和其他小孩子之间的关系总是显得难堪、不稳定——因为他不了解他们，而他们也认为他怪怪的。因此他如果没有尽早接触群体生活，他可能无法和其他孩子相处。

其实没有所谓理想的子女数字，不管一个家庭里有几个孩子，总是会出现不同的问题，或由于家庭的成员数字，或由于每个人对角色的不同诠释。而且不管家庭的大小，家人之间的摩擦及相互的影响总是层出不穷。任何一个小孩子在家庭的成长中不可能只受到单一因素的影响，孩子之间也会互相影响，而妈妈也同样是影响的变数之一。如前面所学的例子，小华感觉到新出生的小弟弟完全占有了妈妈的爱之后，他认为当一个乖孩子没有用，当个“坏孩子”至少还能使妈妈注意到他。因此他宁可挨骂，也不愿忍受家人的冷落。这听起来很矛盾，“坏孩子”就是小华决定扮演的角色。他认为当坏孩子可以赢回妈妈的关心，就算他并不快乐，但是他没有更好的方法。而且妈妈对他的不乖又报以预期的注意，这等于是在鼓励他的偏差行为。小军在“乖宝宝”的赞美中长大，这一直对小华是一种压力，加上小军得宠所以小华始终无法接受这个从小生为敌人的小弟。如果妈妈继续强调对“乖”孩子和“坏”孩子的差别奖惩，这将会助长这对兄弟间的敌对关系。

从以上的例子中，我们可以看出小孩子面对外在环境的变化时也会随机应变，因此妈妈无法遵循唯一的规则去面对孩子的问题。但是由于妈妈了解自己的家庭星座，所以他遵循着轨迹便能够找出孩子对自己角色的诠释，总之，敏锐的观察可以避免不必要的困惑，如果我们能洞察、熟悉孩子所在的方位，我们一定更能掌握孩子对角色的诠释。

不要随意发表意见

在中国的家庭中，大多都是独生子女，他们是家中的“小皇帝”，妈妈可谓是极尽呵护。但我们最终有没有想过，在这种环境下成长的孩子，他们能长得大吗？很多次的测试证明，中国孩子的自主能力远远不如国外的孩子，究其原因，这都是由于妈妈对孩子的宠惯娇纵造成的。

所以说，妈妈们必要的时候还是应该保持沉默，不要随意发表意见，让孩子们自己去解决一些问题。

不要卷入孩子之间的争吵

不管孩子争吵的理由为何，妈妈一旦介入，试图调停和解决只会使情况更糟，而且也剥夺了孩子学习自己解决冲突的机会。每个人在一生中都难免涉入利益冲突，所以孩子必须学习面对和处理冲突。

大多数的妈妈对孩子之间永不休止的争吵都感到相当困扰。他们疼爱每一个孩子，当然不希望孩子之间彼此仇恨和互相伤害，所以他们总是想尽方法来调解争吵，教导孩子融洽相处。大多兄弟姊妹之间的争吵情形在他们长大之后就会自然消失，甚至还会互相关照、互相帮助，但仍有些孩子即使在长大后，彼此之间的敌意还继续存在。妈妈的任何训诫似乎都无法缓和手足之间的摩擦。因为一般人似乎都认为兄弟之间的争吵是很平常的事，所以把他视为孩子的“正常”行为。其实这种争吵并不如想象的理所当然。气氛和乐，兄弟之间相亲相爱的家庭到处都有。孩子之间起争执时不一定会使彼此的关系出现不良的演变。没有一个人真的喜欢吵架。因此，如果小孩子争吵个不停，他们一定是能从吵架中得到某种满足，而不见得在乎吵架的结果。

当然妈妈不应只满足于过去对兄弟之间争吵的“解释”——由于孩子活泼的本性或为了财产等，而应该用心去了解孩子的行为。

姐姐露露今年八岁，弟弟小文今年五岁。姐弟两人正在看电视，妈妈则在厨房忙着准备晚餐。不一会儿小文开始挤露露，露露只好一直移动位置躲着他，可是小文又把腿放在露露的腿上。“把腿拿开。”露露有点儿生气但不失冷静地对小文说，不过还是很专心地在看电视剧情的发展。小文不但不理会露露的话，还是继续把腿放在露露的腿上，而且用手指头开始在露露的背上乱写字。起初她打他的手：“我叫你把脚拿开。”小文咯咯发笑，还继续用手指乱抓露露的耳朵。她一声不响地把他的手抓过来，狠狠咬了他的手臂。“哇！”小文大叫一声哭了出来。妈妈冲进房间着急地问：“发生什么事？”她一眼便望见小文痛苦的模样，而且两人打成一团。她冲向他们，把他们分开，小文抓住被咬疼的手臂不放，上面牙齿的咬痕历历可见，“露露？”“他一直烦我嘛！”“我不管他怎么样，反正你不应该这样对待你弟弟。”

这一场争吵的目的是什么？结果又怎么样？

小文认为自己是需要妈妈保护的小娃娃。所以他故意挑起争吵以达到被保护的目的。由于妈妈一向保护弟弟，因此使露露感觉受辱。露露便想利用妈妈最痛恨的事情来达到报复的目的。明明是小文先挑起争吵，妈妈却袒护他。如果妈妈想消除露露心中的仇恨，就不应该偏袒儿子，而应该认清谁才是制造争吵的人。

妈妈到底应该怎么做呢？首先，她不应该因儿子的一声尖叫而冲动地跑过来，虽然这样要求母亲是很不合理的，但是尽可能三思而行的确非常重要。儿子的这一声戏剧性的尖叫就是故意要吸引妈妈的注意力，告诉她严重的事情发生了，然后哭声开始了，但除了哭声之外，房子也没塌下来，电视也没爆炸。妈妈这时便可以肯定是两姊弟在吵架，结果小文受伤了。然而妈妈应该认清这是孩子们的争吵，最好是敬而远之。

作为一个妈妈要做到以上这一点，她一定需要不断累积经验。过去她如果容易冲动——想冲过去看看发生什么事。那么现在她必须压抑这种冲动，她如果早已经明白这一声尖叫是起因于姊弟的争吵，她可以一言不发地躲在厨房。反正小文如果不想被咬，他就不应该挑起争吵。妈妈采取这样的做法等于将争吵的责任归在小文和露露身上。你没有权利规定孩子之间的关系，只能用行动来影响他们。如果你真的能采取这样的方式来消除孩子借争吵获得满足感的念头，你便能刺激孩子重建他们之间的关系。此外，妈妈还必须了解孩子行为的真正目的。教导孩子学习自己解决冲突。

“天啊！不要再吵了，我快被你们吵疯了。”妈妈在另一个房间里对着孩子们大叫。“盖尔不让我看我的节目。”小开大声地回答妈妈。“我也要看我的节目啊！”盖尔也不服气地回答。妈妈只好无奈地到客厅去调解这一场争吵。

妈妈几乎已经牵引出孩子挑起这场争吵的目的。她为孩子们争看电视节目而气恼地说：“我快被你们吵疯了。”你实在很难相信这是事实，但是使妈妈“发疯”，这正是孩子们争吵的目的，也是吸引妈妈注意的有效方法。她无法忍受孩子们的争吵，于是停止手边的工作，闯进来调解；事实上这正是孩子们所期望得到的关注。

如果妈妈懂得避开孩子们的争吵，她就不会为这件事心烦了。你就是太关心孩子，为他们付出太多，所以才会为他们的争吵而气恼。其实为电视节目争吵，这是两个孩子之间的问题，你没有理由介入。如果妈妈能掌握这个简单的原则，她就不会感到不耐烦了，那么她就可以继续自己的工作，让孩子们去自己解决问题。当妈妈不再冲动地跑去看究竟发生什么事时，如果有一个孩子跑来向妈妈哭诉，这时她就可以回答：“我也很难过你们发生争执，但是我确定你们两个能够自己协调。”这样便把责任转给孩子而不必介入其中。

不管孩子争吵的理由为何，妈妈一旦介入，试图调停和解决只会使情况更糟，而且也剥夺了孩子学习自己解决冲突的机会。每个人在一生中都难免涉入利益冲突，所以你都必须学习面对和处理冲突。

要求妈妈不要介入孩子们的争吵是很难的，因为她们会认为“教导”孩子不要吵架，这是她们的责任。不错，妈妈确实应该教导孩子不要吵架，但是这需要运用技巧。介入及当和事佬并不能达到效果，充其量只能暂时阻止争吵，而不能教导他们避免另一次的争吵或以正确的方法来解决彼此的冲突，如果我们的介入争吵能够满足孩子的需要，他们为什么不停止争吵呢？如果吵架的结果只是弄得鼻青脸肿，两败俱伤，他们难道不会考虑以其他方法来解决冲突吗？会的，他们一定会想尽办法来避免再一次的伤害，这样兄弟之情就能渐渐培养起来了。当然妈妈必须帮孩子包扎伤口，但是千万不要袒护任何一方，只需要说："你们打架受伤我很伤心。"

孩子吵架总是为了权利或为了争宠。所以如果妈妈对孩子付出均等的爱，他们就不需要通过冲突来争取优势，争个输赢。但是如果其中一方恐惧失宠或被冷落，他内心就会产生敌意而挑起争执。你如果将注意力完全集中于一个孩子身上，或袒护年纪较小的孩子，无形中就加强了孩子心中对优劣的感觉及不平衡的心理，如此一来也只有更增加你自己的困扰。孩子会从冲击中不断地学习人与人的相处之道和平等的观念，并学会为别人着想，人与人之间的互相尊重。这些也正是你要教导孩子的生活道德，你何不慷慨地留给他们一片属于他们自己的天空。

再看看下面的例子：

幼儿园下午的游戏时间到了，孩子们蜂拥着冲向活动场，多数孩子的目标是那几辆电动小摩托车。有几个身手敏捷的孩子很快就跃上了车，启程了。只留下两个小男孩盯着同一辆车互不相让，进而争吵起来："我先到的，我先到的！""不对，应该我先玩儿！"他们你一句我一句地叫嚷着，没有个结果……最后，其中一个孩子忍不住了，伸出手就抓了一下对手的脸！而就在被打的孩子忍不住大哭起来的时候，他则带着胜利的喜悦，昂首跨上了"座骑"，飞驰而去。

这种争执每天在幼儿园都会发生。而孩子总是哭着找旁边的大人"评理"，寻求帮助。而大人往往会十分干脆地把架劝开了事。这样做，矛盾是解决了，但效果却是没能让孩子们自己找到解决冲突的办法。

之所以要让孩子上幼儿园，让他接受知识启蒙是一个目的，而其实最重要的是要培养他社会交往的能力。孩子独特的思维方式决定了他们必将通过不断的冲突来形成他们之间的游戏规则。不懂规则的孩子只有在这种冲突与争吵中一次次切身体会到自己的行为是不受大家的欢迎和认可的，才能够自觉地调整行为，提高社会交往能力。因此在孩子们发生争执的时候，妈妈无须扮演“消防队员”的角色，赶着去“灭火”，你完全可以对孩子说：“你们的问题应该自己解决，你为什么不去找他谈谈呢？”

这时，谈什么，怎么谈，这是妈妈应该给予的必要指导。

首先，妈妈应该引导孩子说出真实情况，因为只有了解争吵是如何发生的，才能找出正确的解决方法，这个时候的问话不应带个人情绪，比如，问：“是他先动手的吗？”这很容易混淆孩子对真实情况的记忆。

其次，在了解情况之后，就可以一起分析为什么会发生争吵，妈妈一定要让孩子明白即便是大人之间也难免会有矛盾产生，最重要的是要依靠自己的力量去分析问题和解决矛盾。

最后，就可以启发孩子：“如果妈妈不帮忙，你准备怎么解决？”你不妨耐心来听听孩子说他的方案。然后对他的方案进行有针对性的分析和指导。如果是自己的孩子做错了，则要鼓励他勇敢地向小朋友道歉，而如果是对方不对，那就应该鼓励孩子自己去跟他讲道理。而不能让孩子采取息事宁人的退让方法，或者限制他与同伴交往。这种做法看上去好像是保护了孩子，不让他受欺负，其实是害了孩子，这样孩子很难培养独立勇敢的品质。

让他自己决定

如果妈妈希望教导孩子做明智的抉择，你就必须给他们自己选择的机会，必要时还应该给他们犯错的机会。他们很容易从经验中学习，却很难从我们的教训中学习。

鞋店里的店员拿了几双鞋子来让温妮试穿。妈妈说："温妮，挑挑看你喜欢哪一双。"深蓝色那一双看起来还不错，但是温妮却很渴望地说："我喜欢红色的鞋子，妈妈。"店员帮她试穿，她觉得很喜欢。"但是，深蓝色这一双比较实用，什么衣服都可以搭配，你真要红色这一双吗？""真的，妈妈。""来，再试一试这一双深蓝色的。"温妮试着深蓝色这一双在镜子前看一看。妈妈于是对店员说："请拿这一双深蓝色的。""不，妈妈，我要这双红色的。""哦，温妮，红色这一双不实用，你很快就不喜欢了，来，乖，我们买蓝色这一双。"她无可奈何地接受了妈妈的决定。

妈妈先告诉温妮她可以自己选择，然后却又自己做决定，甚至叫温妮同意她的意见。妈妈既没有坚持立场，又没有遵守诺言。

如果妈妈希望教导孩子做明智的抉择，你就必须给他们自己选择的机会，必要时还应该给他们犯错的机会。他们很容易从经验中学习，却很难从我们的教训中学习。温妮将妈妈视为不给她自主权的"大老板"，她从没有自己做决定的机会，当然不了解她所选择的东西是否实用。如果妈妈能够遵守诺言，让她的女儿买红色的鞋子，温妮终会发现红色不能和她所有的衣服搭配。但是她又必须等红色鞋子穿坏才能再买，每天感受到自己错误的选择，下次再碰到这个问题时，她一定会慎重考虑。这样妈妈便是成功的辅导老师，而不是个严厉的"老板"。

小马和罗比是一对小兄弟，分别是十一岁和九岁，他们从很久以前就一直希望拥有一只狗。最近，爸妈终于决定买一只给他们，但是有一个条件，他们必须自己照顾、清洗这只小宠物。他们兴致勃勃地答应了。于是选择了一只小狗回来。开始时，小兄弟都很细心地照顾这只狗，但是等新鲜感过去后，他们就渐渐不理它了。因此妈妈自己喂狗的次数也愈来愈多了。虽然一再地叮咛、提醒，甚至训诫他们，但是他们还是忘记。有一天妈妈警告他们，如果他们再不好好地照顾小狗，她就要把它带走。小马和罗比警觉两天后却又故态复萌。一个星期后，妈妈还是得一切自己动手。她还是认为这只狗总是多少能帮他们带来一点儿乐趣。

可怜的妈妈，她必须完全负起照顾的责任，小孩子则完全在享受娱乐的权利。

妈妈第一次发现儿子失职，没有照顾小狗时，她就可以问："如果你们忘记喂小狗，会有什么结果呢？"这种亲切的讨论可以使妈妈划清责任。让小动物挨饿是很残酷的，所以她可以采取弹性的做法，容忍他们几次的疏忽。"你们认为自己可以忘记几次？"他们会说出一个数字。"那么如果你们失职超过这个次数，我们就必须把小狗带走，谁也不能有异议。"如果他们失职到这个次数时，妈妈务必贯彻立场，将小狗带到别的地方，这不是一种惩罚，也不会出现气愤的态度，而是他们失职的必然结果。

贯彻立场有助于建立纪律和行为范畴，让孩子得到安全感。如果我们对孩子的训练采取随便的态度，我们当然不可能达到预期的效果。相反地，如果我们贯彻立场、态度坚定，孩子会觉得行为方向确定，有安全感。他会学习遵守纪律，懂得行为准绳。

不要多管闲事

孩子不可避免会受到周围人的影响，妈妈没有必要刻意强迫孩子远离不良的生活环境，也不必帮他们安排我们认为适当的环境。我们所需要做的是引导他面对环境的态度和方法。

让当事人自己解决问题。

小欣哭着跑进厨房。“妈妈，爸爸打我。”妈妈放下手边的工作，拍拍他肩膀，温柔地问：“怎么回事？”“他骂我没有礼貌，然后就打我。”“好了，别哭，妈妈会处理的。”等小欣平静下来后，妈妈走向正在车库工作的爸爸，于是妈妈又开始舌战了，妈妈坚持不应该用体罚，而爸爸认为小欣也是他的儿子，他叫他将脚踏车拉走，他不可以顶撞他。而此时小欣站在旁边观战。

属于两个人之间的问题应该让两个当事人自己来解决。小欣和爸爸的事情应该由他们自己去面对和解决，妈妈不应该插手。当儿子跑来向她“控诉”爸爸时，她顶多只能说：“哦，好可怜，小欣，如果你不喜欢爸爸打你，你就应该找到原因并避免再犯。”如果不久之后，他们又发生同样的冲突，妈妈可以和孩子来讨论这个问题，帮助他了解怎么做才不会再挨打。如果妈妈真的想帮助孩子，她就不应该袒护他。这样家庭里三个人才会真正地相处愉快。

父亲和母亲是两个不同的个体，他们对很多事情各有不同的观点。如果他们对子女教养的看法正好相同，这当然很好，但这并不是绝对必要的。小孩子要接受或拒绝谁的意见，他会自己做决定。因为小孩子有自己判断的能力，因此即使妈妈共同达成某种原则，结果也会出现非预期的现象。这就是他虽然面对爸爸、妈妈、奶奶或其他亲人不同的意见而不会感到混淆的原因。他通常会接受对自己最有利的一方。

另外，我们还会发现一种很特别的现象，妈妈通常都很肯定自己对孩子的教导，而不喜欢他接受别人的意见。

建立适度的祖孙关系

小艾是家里唯一的孩子。奶奶对这个独孙女真是疼爱有加，她总是尽可能地假借各种名目或节日，买很多礼物送她。而爸妈则选择性地买些适合的礼物给她。小艾五岁生日时，奶奶送她六样礼物，圣诞节时就有十样。当她看完爸妈送她的礼物后，很高兴地谢谢他们，但是看完奶奶给她的礼物后却抱怨说："只有这些吗？"过几天后，妈妈发现她竟然在日历上圈出所有会收到礼物的节日。妈妈对她这种挖金矿似的态度很困扰，于是便和爸爸商量，请他劝他的母亲不要这样无限制地买礼物送给小艾，爸爸却认为妈妈这种要求不合理而予以拒绝。一场激烈的争执当然免不了。妈妈认为奶奶会把小艾给宠坏的。

这个妈妈真可怜，她虽然意识到潜藏在女儿身上的危机，却没有绝对的能力来阻止。爸妈虽然选择性地送礼物给小艾，她却不会向妈妈表现出贪得无厌的态度，而唯独向奶奶要求。妈妈不能控制奶奶的行为，毕竟这不是她的事，这是小艾和奶奶之间的事。在这种情况下，妈妈便可以在家庭中安排一种正常交换礼物的模式和气氛来平衡奶奶的无度给予。这样可以训练孩子不但接受礼物，也相对要送礼物。她一定要记得奶奶的生日，另外像圣诞节和情人节也都要准备礼物送给奶奶。然后妈妈就不要再插手干涉，让小艾和奶奶自己去建立彼此的关系。

每个小孩子都要和妈妈之外的其他大人相处。通常奶奶和其他亲戚是妈妈之外最亲近的亲人，其余还有邻居、妈妈的朋友、老师，甚至同社区的人。妈妈根本不可能控制这些人对自己孩子所造成的影响。当孩子受到不良影响时，我们就会抗拒这些大人，希望杜绝这些不良的外在因素，其实根本徒劳无益。我们没有必要刻意强迫孩子远离不良的生活环境，也不必帮他安排我们认为适当的环境。我们所需要做的是引导他面对环境的态度和方法。

小孩子也是一个单独的个体，他也要发展和其他人的关系。只有面对广大的人群体验生活，他们才能对人性有更深的了解和判断。我们应该找机会帮助他。

年轻一代和祖辈之间的相处关系是现代家庭中争论最多的问题。这也说明了文化的变迁和传统的改变。儿女自有其一套养育下一代的观念和方法，不希望他们的妈妈干涉。如果他们强迫自己的妈妈接受新的方式，结果只会造成更恶劣的亲子关系。如果妈妈能使用较缓和渐进的方式，如向奶奶说："也许你是对的，我必须好好地考虑一下。"这样就可以避免冲突的发生，然后再用自己认为对的方法去做。奶奶享有含饴弄孙的权利，他们没有绝对的权利也没有责任来抚育他们的孙子。如果为人父亲或母亲者常常为被奶奶"宠坏"的孩子感到困扰时，他们会变得沮丧，而且不再相信自己对孩子的影响力。然而使用任何强硬的方法来"纠正"奶奶的态度只会造成家庭气氛的僵硬和紧张，其结果只能于事无补。孩子和他的奶奶之间关系的建立是属于他们双方的事。奶奶对孙子的溺爱会让孩子觉得他有权利提出任何要求，并形成他不知天高地厚、唯我独尊的心态，所以我们必须帮助孩子改变这种错误的心态。

学会拒绝

我们总是希望自己的孩子快乐，这是很自然的心态。但是如果我们为了达到这个目的而牺牲维持的规则，或屈就孩子的不当要求，那么我们便要注意这种行为所造成的后果。我们当然不必随便拒绝孩子的需求，但是如果孩子的要求违背原则或不符情况的需要，那么我们就必须有勇气坚持说“不”以维持原则。

勇敢地对孩子说“不”

每个孩子都应学会独自面对挫折，妈妈没有必要满足孩子永无止境的要求。当孩子的要求违背原则或不符情况的需要，妈妈要有勇气坚持说“不”以维持原则。

诺贝尔文学奖得主诺伯特·罗素认为：“那些在童年就孤独的人要比受到宠爱的人日后更会成功；一个不具备精神独处能力的人，不可能成为伟人。”

小凯缠着妈妈说：“妈妈，帮我买一套新的儿童游泳池。”“怎么了？”“我不喜欢这个旧的了，带我去买一个新的。”“小凯，妈妈好累，我们明天再买。”她跺脚道：“现在！”“小凯，拜托，我们今天已经出去好几趟了，先是去游泳，接着又和你去骑马，然后又去游泳了，我们明天再去买游泳池，好不好？”“现在，我现在就要一个新的。”妈妈实在太累，所以不停地向女儿解释。可是女儿又哭又叫，还不停地对妈妈又踢又骂。最后，妈妈只好投降，开车带小凯到店里去搬了一个新的，比原来更大的儿童游泳池。

由于爸爸和妈妈离婚，所以妈妈对小凯有一分深深的歉意，为了弥补这个遗憾，她对小凯真是有求必应。而小凯也掌握了妈妈这种心态，所以对她予需予求。如果妈妈拒绝她的不合理要求，她就装着特别沮丧的表情。妈妈不忍心看她痛苦，认为不该剥夺任何令她快乐的事物。

其实妈妈没有理由满足小凯的任性，除非她有把握永远这样纵容小凯，直到她死。如果妈妈能永远保护小凯，使她免受沮丧的痛苦，她就根本不需要学习独自面对挫折。在这种情况下，妈妈便只好继续扮演可怜的奴隶的角色。继续接受她的“小暴君”无理的脚踢和辱骂，继续让她任性，不尊重妈妈，对她予需予求。

妈妈不能这样顺从孩子无止境的央求。

小琳是个三岁的小女孩，他站在廉价商店的玩具柜前乞求妈妈。“小琳，你要什么？”“那个。”小琳指着玩具手风琴，一面还迫不及待地想用手去碰。“不行，这太吵了，你不能要这个，妈妈买一辆小汽车给你。”小琳哭着不走，说：“我不要小汽车，就要那个。”妈妈不理她，继续看对面的橱柜。小琳抱着妈妈的腿大哭：“我要，我要，我要。”“天啊，好！好！好！买给你。”服务小姐将包装好的玩具递给妈妈时，小琳抢先接起来。“回家再玩儿，在这里玩儿会吵到别人。”小琳气得又哭起来：“现在！现在！现在！”“好！你拿着，但是不能打开。”小琳接过手时便立刻拆开包装纸拿出玩具来玩儿。妈妈也无可奈何了。她把玩具手风琴一伸一拉，制造出一声声噪声。“好了，小琳，你现在已经知道怎么玩儿了，收起来，回家再玩儿，否则我就要拿走了。”她还是又推又拉。妈妈把玩具抢过来，她又大叫出声，妈妈只好再还给她。她继续一推一拉，妈妈开始觉得不耐烦了。“等我们离开这个店再玩儿，好不好？”小琳根本充耳不闻，最后妈妈把孩子拉到外面。“你真叫我生气，你就不能等到外面再玩儿吗？”

在这个例子中，妈妈缺乏说“不”的勇气，也不敢面对小琳的坏脾气，所以妈妈似乎总是受小琳的压制。

我们本来就不应该满足孩子对玩具无止境的要求，也没有必要每次带他上街都买一种玩具给他。这种纵容的做法只会让他觉得要求大人买玩具是他的权利。他心里会想：“如果妈妈不买玩具给我，就是不爱我了。”其实他对这些玩具并不见得真的有兴趣；而只是想证明妈妈会为他付出。玩具本身的价值并不高，而且他可能很快就丢弃它了，让妈妈为他付出才是最重要的目的。

玩具当然有其存在价值和必要性。我们可以在特殊的节日将玩具当成礼物或作为季节性的娱乐工具，例如，春天跳绳，夏天玩儿棒球和水球，冬天则有其他的室内玩具等。带小孩子上街，这对他也是一种生活经验，他可以建立对金钱和逛街的观念。如果我们无限地满足他的要求，他会以为我们可以无止境地供应金钱，而且还会曲解物质的价值。

如果小琳的妈妈更注意合理地讨他欢心并维持不随便买东西的态度，她一定更能表现出对小琳的关爱和关心。像例子中所描述的，她完全不能建立起规则，因为她缺乏勇气，害怕孩子的报复行为，因此不敢说“不”，也不能坚持原则。

避免给予不当的关注

孩子是需要关注，但过度的关注会导致孩子行为的偏差。妈妈应帮助孩子从学习自处中获得满足感，从学习中得到成长，我们不应该太短视地随时满足他眼前的需求。

孩子需要不断地关注吗？这是许多妈妈关心的问题。

米克和全家人到乡下别墅避暑。一天，爸爸出去钓鱼，妈妈在厨房忙。两岁的米克站在厨房门口对着妈妈，“妈妈？”“嗯？”“妈妈？”“什么事，米克？”“妈妈——”“乖，米克，什么事呢？”“妈妈！”妈妈放下手边的工作走到米克身边。“什么事，米克？”“散步？”“好，等一会儿。”说完后妈妈又回到厨房工作。米克还是站在厨房门口，鼻子贴在纱门上。“妈妈！”“嗯？”母子俩就这样重复了三次。米克第四次又开始叫妈妈时，妈妈走到他身边，说：“好，米克，我们只去散步，一会儿就回来，妈妈还要准备晚餐呢！”妈妈牵着米克的手，以防他跌倒，两人就出去散步了。

米克自己不走到妈妈身边，而是想办法让妈妈到他身边来。当妈妈对他的叫喊有反应时，就等于迎合了米克不当的要求。

如果一个小孩子经常需要不停地关注，他一定是个不快乐的孩子。他觉得只有得到别人不断地关注，他才能肯定自己的价值，才觉得自己很重要。但是，他经常怀疑自己的感觉，所以即使别人再多的肯定也无法抚平心中的不安。就像前面的例子，米克的叫声已经使妈妈注意到他了，过了一会儿，他又怀疑：“妈妈是否还注意我呢？他还爱我吗？”这是个无止境的不安的循环。米克的内心一定感到很痛苦！妈妈应该怎么帮助他呢？

妈妈对米克“每叫必应”的做法，等于替米克在其他价值的探索途径中树立了一道墙，使他无法突破无法成长。妈妈应保持沉默，不理会他的不当关注的要求。一旦他得不到惯有的满足，他一定会探索其他的方法来满足他的归属感，尽管刚开始可能会产生反叛的心理。这时他便需要妈妈来协助他寻找出积极的方法，否则妈妈的漠视很可能造成他采取更具有破坏性的行为。像前面这个例子的情形，妈妈虽甘为孩子奴役，但这不仅显得不自重，而且也等于不尊重自己的孩子，认为他的孩子没有能力自处。

在教育过程中要让孩子了解合理要求的好处

妈妈不必过度在乎孩子的叫嚷。妈妈可以回答孩子的第一次叫声，而不必放下手边的工作，只管告诉他妈妈现在很忙。然后当米克第二次叫她时，她可以不用回答。这何尝不是一种游戏，孩子的叫喊得不到妈妈的回答，他可能会大叫，但是妈妈可以假设自己忙得分不开身，因此米克便必须走到她身边。这时妈妈应该继续自己的工作，而且也应该训练孩子尊重这种情况。米克本来就不应该随时找人陪他去散步。他必须学习了解合理要求的好处。如果米克走到妈妈身边要求妈妈带他去散步，妈妈可以说："米克，现在不行。"因为吃过饭后，才是散步的时间。所以不管米克如何恳求或胡闹，妈妈都必须坚定原则。

小孩子当然需要我们的关注。但是我们必须把握什么样的关注才是适当的。如果我们平时滥用情感，过度关注孩子，一旦我们有一天情绪烦躁而无法再付出相同的关注，他就可能会以为失宠而导致行为偏差。所以我们应该仔细想想：他到底想要什么？如果我们不介入，他能够自己处理吗？我们的反应是不是阻碍了孩子的自我意识？我们的过度关注能够帮他学习独立，或者只会使他感到更无助脆弱？总之，为了帮助我们的孩子从学习自处中获得满足感，从学习中得到成长，我们不应该太短视地随时满足孩子眼前的需求。

塑造孩子的个性

我们经常会听到或读到有人谈论"塑造孩子的个性"——小孩子好像是一块黏土，可以任凭我们拿捏成理想的形象，这是相当要不得的观念。其实我们着手塑造他们之前，小孩子对自己、妈妈、环境早已形成既有的形象。他们同样也会伸出触角建立自己和他人之间的关系。人与人之间每一种关系的形成都是借着两个人之间的行为互动。这种互动的本质可能会因任何一方的变动而改变整个关系。小孩子就是借着自己特有的创造力和纯真来发展他的人际关系，当他伸出触须时，他会一再试探直到找出可认同的对象，有时候他还会发现相同的技巧不见得适用于所有人。这时他有两种选择，或者放弃和这种人建立关系，或者使用另一种技巧而发展出完全不同的关系。

九岁的小文是独生子。他在家像是个值得称赞的乖孩子，会帮妈妈做家事，想尽方法取悦爸妈，听话又有礼貌，而且还会整理自己的房间。但是他在学校的表现却令人头痛，老师说他有严重的逃避心理，他虽不闹事，但整天做白日梦而且不做功课，小文在班上没有谈得来的朋友，也不喜欢参加各项团体活动。

其实，这其中的道理并不难，小文是家里唯一的小孩，他认为自己所扮演的角色便是取悦妈妈，所以他在家里表现得很乖巧，而在学校里，他和一群小孩子相处在一起，由于他的不合群而使他和别人格格不入。他也许经常寻找取悦别人的途径来建立他和其他小朋友间的关系，但都失败了。另外，老师也没有将他视为特例来加以辅导；因此他根本不知道和班上同学的相处方法和竞争之道，他只好逃避到他的"白日梦"里，而放弃尝试和其他人建立新的关系。

一个家庭的成员之间不论出现何种尴尬的情况或发展成多么糟糕的关系都可以得到改进，但基本上必须全家人都有一起建立和谐的家庭生活的想法。人与人之间没有绝对完美的关系。我们只期望它能一直改进而趋向完美。如果妈妈了解排行中间的孩子会感受到被排挤的痛苦，她们便懂得以更体贴的心来帮助他；如果妈妈知道家里的老幺经常会处处依赖别人，她们便能帮助他去体验自己的创造力及自己动手做的意义。

一个小孩子对自己在家庭星座中的角色诠释及他的反应就如同人类的创造一样不可捉摸。但是对敏感且有心的妈妈来说，这并不难，她们经常会提醒自己并自问："我的孩子对自己所扮演的角色的看法和想法是什么呢？"大人经常会过于武断地对待某些类似的情况，而疏于去了解"独立的事件"。

鼓励是管教子女课程中较为重要的一课，因此它也被视为行为偏差的关键。每个孩子都需要不断的鼓励才能茁壮成长并获得安全感，这就像植物必须每天浇水才能生存一样。在小孩子的眼里，大人非常伟大、能干，而且无所不能。面对这些压力反而使小孩子原有的勇气退缩了。其实小孩子遇到各种困境时，他们都很渴望能从中学习，并突破自己的缺点。小孩子在成长和学习的过程中会不断受到挫折，所以我们更需要帮助他们克服困难、面对困境。

A GOOD MOTHER IS BETTER THAN A GOOD TEACHER

第九章

鼓励孩子独立，训练孩子的自制力

对孩子进行早期智力教育的妈妈正在不断增加。但是，让孩子从很小的时候起就学这学那的，等到上了小学、中学，不少孩子已感到疲惫不堪。在那种老把自己的孩子跟别人家孩子相比、想早出成果而焦躁不安的家庭气氛中，孩子的心理发展容易被扭曲。而且，过早地让孩子学习，也减少了对幼儿发展来说很重要的游戏及各种各样的体验机会，不利于孩子的发展。妈妈们应正确地看待孩子，并充分认识到应根据孩子的个性、以充足的时间踏踏实实地培养孩子的重要性。

没有一个人是完美无缺的。

完美主义的妈妈总希望自己的孩子能做到完美无缺。一旦孩子出现小小的失败、丁点儿过错，妈妈马上变得神经过敏、心理紧张、焦虑不安。长期下去可能导致“育儿不安”、虐待孩子等现象。

孩子没有完全照着妈妈期望的那样去做，这是很自然的事。大方向对了就行，不必太拘小节，这一点很重要。自然地养育孩子更能使孩子茁壮成长。

告诉他方向就行了

妈妈帮小孩子做他自己能够做的事是非常不明智的，这等于剥夺他展现自己能力的机会，也表示你完全不信任他的能力和勇气。这容易使他丧失信心，对自己的能力无法肯定，同时也否定了他拥有自我和自主的权利。

约翰·戴维森·洛克说过："在人生道路上，什么意外都可能发生，你永远不能有依赖别人的心理，连我也在内。我希望你永远记住这一点！"

鼓励孩子独立

妈妈总是忧虑、抱怨孩子自护能力差，责怪学校和社会，而从来不想自己对孩子的教育怎样。事实上很多妈妈不明白，孩子比成年人动作灵敏、反应快。心理学有"防御反射"之说，灵敏地避开危险是孩子的天性和本能，妈妈却抓住孩子不肯放手，恰恰扼杀了孩子这种与生俱来的本能，造成可悲的"天然能力退化"现象。

当小婴儿从整日躺着吃奶睡觉变成会咿呀学语、到处乱跑的幼儿时，年轻的妈妈可以发现自己的孩子"一天一个样儿"，语言开始丰富，有时甚至惊奇地发现自己的孩子突然能讲许多话语。孩子对任何事物都想探索个为什么，什么事都想自己动手，总会说"自己来"。这都是由孩子的神经心理发育的阶段来决定的。此阶段的孩子已不再是"看到妈妈喊妈妈"的简单的认识性记忆，他们已有回忆性记忆，对周围环境开始探索，充满好奇心。但对外界环境的了解主要是动觉与视觉的联系，表现出喜欢爬高走险或躲在门后。因此，如何正确启蒙幼儿的好奇心，对一个孩子的成长非常重要。

许多年轻的妈妈希望自己的孩子能成才，很早就教他们背唐诗和认字，以为这就是“早教”。实际上，这只是一种简单化的“早教”，而且在这个年龄阶段作用不大。因为二至三岁的孩子还不能理解。长久的记忆还未发展，长大后就会遗忘。有的妈妈对孩子什么事都想试一试的行为感到不安，怕他们把身上弄脏；怕他们发生意外；怕他们打破东西，总之就是不放心和不理解。这两种态度都不宜启发孩子的想象力、创造力和动手能力。

所以，妈妈要遵守的一个原则就是“孩子能自己做的事绝对不要帮他做”。

这个规则非常重要，所以要一再强调。

妈妈一定要明白：无微不至的照顾等于剥夺孩子的独立欲望。

玛莉今年五岁，由于长得很漂亮，所以妈妈很喜欢她，总是把她打扮得很漂亮，每天帮她洗澡和梳妆打扮。尽管她看起来像一个标准的洋娃娃，非常甜美可爱，但是她什么事情也不会做，不会扣扣子、穿袜子，分不清衣服的前后，甚至分不清鞋子的左右。

美国人认为凡是孩子自己能做的事，绝对不要帮他做。但有的人却说：“我还是要帮她做，她什么都不会，我要把她照顾得无微不至，她是我的心肝宝贝。”

如果妈妈知道她的做法对女儿可能造成的不良影响，她可能就会有所警惕。事实上，她对女儿的爱是自私的爱，就是这种无微不至的照顾使玛莉从小就养成了依赖性重和没有自理能力的习惯。玛莉可能一直认为她什么事也不用学习，反正妈妈都会帮她做，而且她太小了，不适合做任何事，她所要做的就是永远当妈妈的洋娃娃。

然而玛莉总是要上学的，妈妈不可能跟在身边帮她做一切事，这时她一定会错误百出。不断挫折的结果会使她变得更无能。因此她的生活必然是危机四伏。

如果你什么事都帮孩子做，就等于在向他卖弄你的能力、经验、权利及你的优越感，相对地，他当然变得一无是处，最后，你会怀疑为什么自己的孩子这么笨，这么无能。

让他自己动手

凯蒂才三岁半，有一天和妈妈一起乘坐贸易公司的电梯。凯蒂的高度正好可以触及五楼的按钮，他一按完电钮，另外一个来客就打趣说："你喜欢玩儿按电钮啊！"妈妈马上说："哦！不，他按五楼没错呢！"那个人惊讶地问："他会吗？""会啊！他会按。"凯蒂很高兴地对那个人微笑。

虽然小凯蒂还没有长大到可以一个人到公共场所去，但是妈妈总是尽可能地训练他独立，她知道他有能力选择电梯的正确按钮，所以也允许他动手去按，小凯蒂也很得意自己做得到。你的孩子从出生开始就不断地在向你表达他们喜欢自己动手做。小娃娃伸手去抓汤匙是为了想尝试自己吃东西。你却经常为了避免他搞得全身脏兮兮而阻止他做各种尝试，也因此而形成小孩子不断受挫的原因。这实在很可惜！帮孩子清洗事小而使他失去勇气事大。如果孩子想要自己做任何事，你就必须鼓励他，尽可能让他做，你只需要从旁协助、辅导和鼓励。你没有权利帮他做任何事，也没有权利阻止他做渴望做的事。

当你看到小孩子做事遇到困难时，你难免有冲动想伸出援手。但是你必须注意克制这种冲动，在没有了解情况之前最好保持冷静。

小孩子当然能够感受到受人服务的喜悦，但是他们也很乐于自己有机会帮忙做事。孩子的年纪愈大，他也希望为自己和为他人做更多事。但是妈妈对他的过度保护与照顾都只可能抹杀他这种自立的倾向，进而导致其自信心的丧失。他会认为自己没有能力做事而必须完全依赖别人。如果妈妈警觉到孩子有这种倾向就必须适时阻止，让他自己动手吧！

“孩子自己能做的事，绝对不要帮他做。”这个规则看起来很简单，但是真正实行起来却困难重重，如，你可能不知道小孩子已经有能力做什么事了，你可能会低估了孩子的能力，或对孩子要求过高。所以你必须非常谨慎，一方面不要对孩子要求过高，这会对他造成压迫感，另一方面还要注意信任及尊重他的能力。你想让孩子行事谨慎而不是畏惧不前。你如何完成这个特定的“菜谱”呢？你如何做才能帮助孩子成为胆大心细的人呢？

鼓足勇气，克服畏惧，随时都可以教孩子怎样做。在街上等待绿灯的时候可以教，在海滩上躲闪大浪头的时候可以教，在篮球场旁边喊着让你的孩子加油再投个好球的时候也可以教。

你一点儿一点儿地以身示范，以口传授，你还可以让孩子自己试试——第一次让他们骑自行车骑到街口，然后让他们围着街区骑，之后让他们骑到商店，接下来让他们骑到镇上去。你这样做有助于逐渐培养孩子勇敢且细心的品质。

因为我怕登高，当我的小孩儿小的时候一爬到游乐场的大滑梯顶上的时候，我会立即大声地呼喊，“停下！下来！小心摔着！”但上到半空那么高却让他们很快乐，只有我是唯一被吓呆的。不过不久，我就给自己打气，让他们不要害怕，我想让他们迅速摆脱我的恐惧所撒下的阴影。因为我知道，即使我害怕担心，也必须放手让他们这么玩儿，他们需要勇敢的品质。

“睡”出来的缺陷——孩子“不敢”，还是妈妈“不敢”？

另外，母婴同室也可以增进母子（女）感情，而且便于母亲及时喂养，但最好是在妈妈的大床旁边，再为孩子放一张小床，如果母子（女）几年一直同床容易造成孩子的恋母或恋父情结，而且孩子稍大后再让他单独睡眠，孩子不容易适应——有时，大人换了床睡不着，小孩子也一样喜欢在自己熟悉的床上睡觉。

但是，许多家庭出于对孩子的疼爱和迁就，不让孩子单独睡觉，其理由都是“孩子胆小不敢”。这种“孩子不敢”其实首先是妈妈不敢。事实上，10 岁左右的孩子就不应该再与妈妈睡同一个卧室，但是在“不敢”的理由之下，孩子就名正言顺地与父亲，尤其是母亲同床而眠直至长到十五六岁。

妈妈应该明白，孩子越大，其“不敢”对心理的不良影响就越大。这在心理学上被称作“分离焦虑”，即孩子产生恋母或恋父情结，生活不能独立，可能婚后对妻子或丈夫过分依赖，甚至出现人格缺陷，表现出过分的占有欲。了解到这些，妈妈就应克服自己的“不敢”，如果妈妈不想让孩子将来有人格缺陷的隐患，就需要做到敢于让孩子到他自己的房间去睡眠。

有一位 13 岁的中学生，早晨准备骑自行车去上学时，外面下起了大雨，其父执意要送孩子上学，孩子说自己可以穿雨衣去上学，但父亲怕不安全还是去送了。可是到下午放学，天早已放晴，这孩子把电话打给正在工作岗位忙碌的父亲：“你什么时候来接我？”这位父亲才开始吃惊，才 1 里路，13 岁的儿子为什么不自己走回来？殊不知这位父亲在气愤之余有没有想到孩子的“懒”，其实就是妈妈平日里的百般呵护的直接后果。

更正孩子的错误目标

通常孩子偏差行为背后几乎都逃不出四个错误目标，妈妈只有充分了解，才能引导孩子使用建设性的方法，达到自我肯定的目标。

大多数的孩子非常渴望得到关爱与安全感。如果他能从参与中感受到爱护，他就会保持稳定的情绪，但是如果他受到挫折，安全感消失，他就希望从别人身上得到对自我的肯定，因此他可能积极地采用取悦的方式，也可能消极地以吵闹的方式达到目的。我们归纳出这种孩子所追求的四个错误目标。如果妈妈希望能引导孩子使用建设性的方法，达到自我肯定的目标，我们便必须了解这四个“错误目标”。

“渴望受到不停地关注”是第一个错误目标！受挫的孩子认为只有受到关注，才会有安全感，也只有成为焦点，才会觉得自己受到了重视，因此他会想尽方法，或撒娇，或哭闹使家人不停为他忙碌，他的目的只是要赢得注意，而并不顾自己对事物的参与感。参与感就在于一个人在必要情况下表现出的合作态度。所以要求不停地关注是一种偏差的想法。

如果小孩子使用撒娇的方式无法达到目的，他便会改用恼人的方式：哭闹、在墙壁上涂鸦、将牛奶倒掉，或尝试任何引人注意的方法。反正只要妈妈过来看他，他就感到满足。如果我们每次都为迎合这种疲劳轰炸式的要求而去注意他，他会更肯定这种错误的方法是他获得安全感的最好法宝。

小孩子当然需要妈妈不时地关照、帮助和怜爱。但是如果我们发现孩子只是想要赢得我们不停的注意，那么我们便可以确定孩子已经犯了追求错误目标的毛病。

妈妈可能一时很难判断小孩子所要求的关注是否合理。但只要仔细观察分析便可以做出正确的判断。所谓参与感和合作态度必须是以家庭中的所有成员为中心，而不是以个人为中心。妈妈可以站在一旁观察孩子的行为。从他们的反应中，我们可以判断孩子内心的意愿。熟悉小孩子行为的诠释技巧后，便能更为驾轻就熟地引导他们。

五岁的佩姬正在看电视。妈妈已经提醒她三次该上床睡觉了，但是她每次都说等一下，而且哀求妈妈让她看完“这个节目”。妈妈也不坚持，因为反正是好节目。但是最后一次妈妈叫她上床睡觉时，她没有理妈妈，而且换一个频道又继续看。妈妈走进客厅，说：“佩姬，乖，已经超过上床的时间了，赶紧睡觉。”佩姬回答：“不要！”妈妈有点儿生气地说：“我叫你去睡觉，快去。”“妈妈！我还要看……”没等她说完，妈妈就说：“你想挨打，是不是？”于是把电视关掉。佩姬立刻尖叫：“你刚才说可以啊！”佩姬还想再打开电视。妈妈气急了抓过佩姬便打，并强迫她回房间。“你已经看够了！现在该上床了。把睡衣穿好。”佩姬气鼓鼓地把脸埋进枕头里。妈妈便离开了房间。

二十分钟后妈妈又来到她的房间，发现佩姬还没有换上睡衣，于是便强迫她上床睡觉。

其实，从一开始佩姬就知道睡觉的时间到了。但是她故意拖延，并要求迟一点儿才上床以逃避妈妈的权威。因此对她来说，妈妈答应让她晚一点儿上床便等于将权利交给她女儿。佩姬的行为就好像在说明：“我的重要性就在于让你答应我的要求。”所以当她如愿时，就等于她已经战胜妈妈了。

而小孩子经常追求的第二个错误目标“追求权利”，常常发生在他们的要求被妈妈多次阻止时。这时，他们便决定使用权利来抗拒妈妈，拒绝妈妈的命令可以使他们获得莫大的满足感。这种孩子认为如果他顺从妈妈的命令，便是慑于权威而失去了个人价值。这种恐惧心理激起他们努力争取自我权利的意愿。

前面的例子中，佩姬的妈妈坚持让她上床睡觉时，她们两人之间的权利竞争便开始了。两个人便一再地要证明谁是控制者。妈妈一生气便打了佩姬一顿，这一来她就等于承认胜利控制了佩姬，而受惩罚、侮辱和痛苦便是胜利的代价。其实妈妈这种失去理智而大发脾气的行为只能说明："我一点儿权威也没有了，只剩下打骂的权利了。"小孩子看出妈妈这一个弱点就会加以利用。

因此，妈妈想强硬地驾驭这种沉浸于权利的孩子是错误的，而且还会徒劳无用。权利竞争的结果只会使小孩子更懂得利用他的权利，或更增加孩子的挫折感，更深远的影响则可能会使小孩子沉溺于对霸道的追求。

其实，当小孩子闹情绪时，妈妈只要仔细观察孩子被惩罚或纠正的反应，就不难发现：他希望得到你的关心，或是要向你的权利示威。如果他只是希望唤起你的注意，那么至少他受到惩罚的那一刻，他会停止吵闹的行为，但如果他是要抗拒权威，那么处罚只会使他的吵闹行为变本加厉。

妈妈正在打扫房间，爸爸在家庭办公室工作。五岁的儿子和三岁的女儿在客厅里玩儿。突然女儿很痛苦地大声尖叫。爸爸妈妈立刻冲到客厅，结果发现女儿缩在角落里大叫，因为儿子将一支点燃的香烟头烫在了妹妹的手臂上。妈妈赶到时已经来不及阻止了。

记恨与报复

小孩子所追求的这第三个目标就是强烈的权利竞争所造成的。

如果妈妈和子女陷入激烈的权利竞争，彼此都想要驾驭对方，结果便会演变成强烈的对峙情况。小孩子受挫后就会产生报复的心理来维持自己的重要性。因为他认为自己已不受欢迎，也失去权利，所以他采取攻击他人的行动来平衡自己受挫的心理。这就是小孩子所追求的第三个错误目标：记恨与报复。

前面的例子中，那个儿子自认为是一个不被疼爱的坏孩子，所以他便以伤害妹妹的行为来泄恨，像这一类的孩子最需要妈妈的鼓励，也需要妈妈的了解和接受，并帮助他重新找回自己并肯定自我的价值。如果妈妈处罚儿子，就等于向他证明他确实是个坏孩子，这只能令他更自暴自弃，心里的怨恨更深，也会加深彼此间的冲突。

孩子所追求的第四个错误目标是“完全无能的表现”。

八岁的佩姬是令人头痛的问题学生。在一次的妈妈会中，老师告诉妈妈说佩姬的学习能力很差，而且几乎所有科目都很糟，不管花多少时间帮他做课外辅导，都没有任何进步。老师还问：“佩姬在家里会帮忙做事吗？”妈妈回答：“我根本不叫他帮忙，因为他不愿意做，如果勉强他帮忙，反而愈帮愈忙，所以我干脆自己来。”

一个经常受挫的孩子可能会完全放弃任何努力，因为他觉得不管用什么方法，做任何事情都不会成功，于是渐渐变得无能，或是通过自我想象来避免再度遭到失败的困窘。所以很多看似笨拙的孩子常常都存有这种逃避的心理，他会搪塞说：“看吧！我什么事都做不好，不要叫我做了。”如果妈妈也绝望地认为“算了，他只会越帮越忙”，这正符合这种孩子的心意。其实这种错误心态的造成是由于他们受到一连串的挫折和阻碍。

因此，妈妈应该针对错误目标辅导小孩。

了解小孩子偏差行为背后的四个错误目标后，妈妈才能开始辅导。如果我们直接向孩子剖析他们错误目标的心态，必定一无所获。辅导时应该多加运用一些心理学知识，而不应该用言语攻击孩子，这只可能造成很大的伤害。小孩子经常不知道自己行为背后的目的，我们可以尝试为他剖析，但是妈妈必须先接受过心理辅导的专业训练。总之，我们既然已经知道小孩子的错误目标，便较能掌握他的行为目的。

如果我们知道小孩子无理的要求“不停地关注”，就可以想办法避开他的要求。如果发现自己已陷于权利的竞争中，便可以设法脱离战场，避免发生激烈的竞争。如果观察发现小孩子有伤害别人的行为倾向，我们便知道小孩子遭到了挫折，应该避免惩罚他，以免加深他的仇恨心理。此外，我们不应该对自暴自弃的孩子感到失望，应尽量制造机会让他发挥能力。

本书会陆续以更多的实例来说明这四个错误目标，并指出辅导的各种方法，因为这些是小孩普遍存在的错误心态。学龄前儿童都专注于发展与妈妈及其他大人之间的关系，因此这四个错误目标的偏差比较容易被观察出来。但是大约到十一岁，他的人际关系的发展就以同年龄的学童为主，而且也会追求多样化的行为模式来适应新的接触环境。因此其中一种错误目标并不足以解释他的偏差行为。至于青少年期的愤世嫉俗和成人的行为有时也可以使用这四种错误目标来解释，但是大部分都明显地不再隶属这些目标的范围。

作为妈妈我们还应记得一件重要事情，我们只能尽量激励孩子改变偏差的行为，即使辅导方式很正确，也很难达到百分之百的成功。因为每个孩子都有自己的行为意志，而且受家庭之外的环境影响很深，尤其是同年龄的学童。如果辅导失败，也不必太自责。

妈妈要以循序渐进的方法来解决很多小孩子的问题，在本书中，我们还会讲到碰到冲突情况时应该选择哪一种辅导方式较好，且较不伤害孩子。像这种知识，在过去的时代是笼统地一代传一代，而我们的工作便是将这些管教子女的方式基于民主的条件加以归纳，总结出一大套新的传统。为人妈妈者如果能多涉猎儿童心理的理论书籍，或参加辅导子女的讨论会，对孩子愈是了解，便愈能掌握小孩子的行为，也愈能给他们提供更丰富的帮助和辅导。

培养他的习惯

孩子的生活习惯关系到孩子的身体健康，关系到孩子意志品质和性格培养。

孩子的生活习惯会影响他的一生，因此，妈妈要注意培养他健康的生活习惯。

严格的生活制度

你要教会孩子懂得一个重要的道理，即用行动向人们表明无论在什么情况下人们都可以信赖他们，这是十分重要的。你即使不喜欢工作，也得去上班。当你有病要请假或者你有事要晚去上班的时候，你都会事先打电话告知你的雇主。孩子们需要知道这一点，并且有必要来模仿你的行为。

帮助孩子们锻炼他们自己每天按时醒来的习惯。你需要准备一只闹钟、一个纸袋，并为家中每个成员都准备一张纸条。

在一张纸条上写上“自己醒”，而在其他的纸条上都写上“唤醒我”。把这些纸条放入纸袋中，每人抓一条。抓到标有“自己醒”字样的人，第二天早晨就要负责唤醒其他的人。

抓到写有“唤醒我”字样的人可以自己选择被唤醒的时间。当然，这个时间必须早一些，以便使每个人都有足够的时间来按时上班或上学。

“自己醒”的人要把闹钟调整到应该醒来时间的前五分钟。你第二天就会发现“自己醒”的人是否是可以依靠和信赖的。如果这位“自己醒”的人起床晚了，那么会发生什么事情呢？会有人上班或上学迟到吗？

孩子们能够习惯性地有规律地自己醒来吗？如果不能的话，请立刻给每个孩子都买个物美价廉的小闹钟吧。

严格的生活制度关系到孩子的身体健康，关系到孩子意志品质和性格的培养。为了使孩子的身体和个性得到健康发展，妈妈必须给孩子制定生活制度。如孩子几点起床，几点睡觉，几点吃饭和玩耍，几天换一次衣服，使用便盆和厕所等都要有一定的规则。在日常生活中，妈妈不要因忙于家务或看电视节目，或因夏日乘凉、朋友来访打乱了孩子的作息时间和生活规律，妈妈对孩子的生活管理要制度化，并坚持不懈。

如果开始吃饭了，孩子仍在穿衣服，或者是母亲替孩子穿衣和洗脸，那么必然会降低孩子的自信心，促使孩子向着懒散和无规律发展。严格的管理教育与“慈爱”并不矛盾。假如妈妈在教育孩子时，总是感情用事，认为孩子小太可怜，迁就放松甚至妥协，其结果只能强化孩子的不良习惯，以后纠正起来更困难。如果妈妈断断续续地执行规则，那么孩子在思想上就会产生混乱而无所适从。孩子虽小，如果妈妈能坚持执行制度，孩子也就会逐渐适应，养成习惯，习惯成自然，就会不知不觉地模仿妈妈的行为，形成良好的自我管理能力。

孩子是妈妈的影子和镜子，孩子的行为毫不掩饰地反映出妈妈的行为和性格。妈妈要求孩子怎样做，自己必须先做到。如妈妈要求孩子饭前便后要洗手，而自己却忽视了，孩子就会产生怀疑，有可能孩子会质问你，那么你应虚心接受批评。

培养孩子良好的生活卫生习惯及讲文明懂礼貌的行为非一日之功，妈妈必须时时、事事严格要求，并要有耐心，不对孩子使性子。如孩子玩儿得太兴奋了，弄得满头满脸泥土，一手抱着衣服，一手提着鞋子，见到妈妈抱歉地说："妈妈，对不起。"如果这时做妈妈的再训斥孩子，那就是大错而特错了，因为孩子已认识到自己对不起妈妈的辛苦劳动啦。妈妈还应注意从婴儿起培养孩子讲文明懂礼貌的品质。客人走时让孩子说"再见"，来时要问好，给客人递水、拿水果等。当孩子会说话时，别人帮助他，让他说"谢谢"。这有利于培养孩子的世界观，培养孩子的交往能力，更好地适应社会。

从小培养孩子的良好生活习惯和讲文明懂礼貌的行为是妈妈送给孩子终身受用的一份"厚礼"，也是对孩子最温馨的爱。

维持每天例行的作息表

例行的作息对小孩子而言就好像墙壁对于房子一样，具有非常重要的作用，这为小孩子规划出生活的空间和范围。例行的工作让他们有安全感。建立例行的工作规范也可以培养他们守规则的观念。

爸爸坐下来吃早餐时没看见女儿，于是便问：

"贝妮呢？"

"老公，我让她今天起晚一点儿。"

"为什么？"

"她昨天非要等你回来才肯上床睡觉，所以很晚才睡。""我不是告诉你，我会很晚回来吗！”

“我知道啊！但是她不听，所以我只好让她等到睡着。”“今天不用上学吗？”

“哦！没关系。才小学嘛！我会帮她写一张请假条。”

“我觉得这样不好，你应该让她学着遵守规则。”

“她还小呢！不急着现在学这些规则，还多的是时间呢！”

爸爸是对的。妈妈允许贝妮“自由”晚睡的权利，却侵犯了她适当睡眠的权利，进而破坏了她的生活秩序。这并不是自由，而是放纵。妈妈又假造请假条，这等于又剥夺了贝妮学习面对必然结果的经验。贝妮和其他很多小孩子一样，她正谨慎地向环境伸出触角以便学习、探索属于她的天空范围，当她正畅游在自己的世界时，妈妈的放纵很突然地把她所属的空间挖了一个缺口，反而使她不知所措。

妈妈应该建立全家都能适应的作息表。

为人妈妈者应该建立一套全家都能适应的例行作息表，并引导小孩子养成习惯。小孩子很小便需要这种有规律的作息经验，所以妈妈不要总是认为孩子还太小，不需要规范。小孩子一旦养成固定的作息习惯，他们通常都能适应得很好。

譬如你要开车从北京到福建去旅行，你不可能坐上车后漫无方向地乱闯，一定要沿着公路南下。妈妈对子女的教育也是如此。福建是旅行的最终目标。而培养孩子完整的人格则是妈妈教育子女的目标。我们当然可以选择到南面的任一条公路，同样我们也可以选择制定家人共同遵循的规范。例行规范是不可缺的教育方式，不过并不是太死板没有弹性的规则，偶尔还是可以有例外的。但妈妈终不可以因自己的方便或满足孩子的任性而随便打破惯例。

暑假期间，孩子把例行的作息习惯都抛到九霄云外了。经常晚睡，不按时吃早餐，肚子饿了就随时吃点心，常常和朋友玩儿到很晚也不知道要回家。妈妈经常慨叹地说："真希望暑假赶快结束，这样他们一切作息都可以恢复正常了。"保持弹性，但不能失去秩序。

允许孩子暑假期间放松心情，解脱正常作息的束缚，似乎是非常普通的情况。其实，在暑假期间，将固定的作息稍做调整改变也无可厚非，但是绝对不可以失去秩序。如果在暑假，妈妈对子女全采取放任的态度，反而会使孩子对学校产生厌恶感而企求从中解脱。其实，小孩子上学，爸爸上班，妈妈做家务，每个角色各有其分内的工作。所有的这些工作都需要一套固定的作息，否则每个人一定都会感到困扰。每个人当然都需要一段假期。假期可以放松我们的心情，调整工作脚步，松弛工作时紧张的情绪。但是享受假期时并不意味着我们同时要放弃固定的作息。暑假的作息当然可以和上课时的作息有所不同：调整睡觉时间以便延长全家人相处的快乐时光，起床时间也可以随着改变，用餐时间也可以配合暑假活动做弹性的变化。总之，即使是暑假期间，我们也必须维持一定的生活秩序，否则，暑假便会背上破坏和谐的罪名。

克雷经常因为参加活动而耽误和家人一起吃晚餐的时间。妈妈如果规定固定的用餐时间，全家人都在这个时间内用餐，她便可以减少很多麻烦。妈妈应该考虑全家人最方便的时间，而不应该让全家人去适应一个人。总之，每个家庭都必须有一套全家人共享的作息模式。妈妈通常是家里固定作息模式的创立人，如果子女不遵守既定的规章时，妈妈便应该坚持原则。妈妈一再地宽容或违规，很容易造成家庭规章的瓦解。

另外，妈妈也可以订立家人的生活准则，譬如起床后要自己叠被、整理床铺，星期天的晚餐时间全家人一定要到齐，共享晚餐，这些都是最值得让孩子接棒的家庭文化。

有研究说一个令妈妈普遍感到困扰的问题是餐桌礼仪。大家一致认为关键可能在于没有固定进餐位置的原因。最好都决定让全家人固定在餐桌上吃饭，实行一个星期之后，会有很大的效果。

这些生活上的准则点点滴滴地形成了一个家庭的固定惯例，不但增加了生活情趣，而且使我们的生活更丰富。

训练孩子的自制力

所以我们必须注意观察。每个孩子都需要一个训练的阶段来完成个人对生活技巧的认识。

训练孩子自助、自娱是很重要的，妈妈也要积极参与孩子的游戏。因为在这个原则中，妈妈必须担负教导的责任。然而妈妈还是必须借着训练的机会让孩子自行练习、游戏，必要时还应该训练他们的自制力。

妈妈将十个月大的小杰放在沙堆中，然后自己坐在一旁看着他。小杰本能地将手伸到沙堆中，用手指拨弄沙土，他天真地看看妈妈并随手抓一把沙土往嘴里塞。“小杰，不行，不行。”妈妈跳起来，奔向她的儿子。她紧紧地抓着他，猛将他嘴里的沙挖出来，然后又将他移到另一处沙堆中。结果同样的故事又重演一次。

小杰发现让妈妈不停地为他忙碌是一项很有趣的游戏，而妈妈偏偏又不放心让小杰自己玩儿，总是要不停地盯着他。其实妈妈应该训练小杰不要将任何东西都塞到嘴里。大多数的婴儿几乎都有这种反应，这也是他们探索周遭环境的一种途径。所以妈妈应该训练他们的自制力。只要小杰将沙子塞到嘴里，妈妈就抱开他，并将他放在婴儿推车里，既然他不适合玩儿沙堆，他就必须离开。小杰可能会因此而大哭大闹。这时妈妈必须坚持立场，随他哭。如果小杰不哭了，妈妈可以让他再试一次。万一他还是将沙子塞进嘴里，妈妈便一声不响地再将他抱回娃娃车里。他便很快能了解其中的道理。妈妈不必过多解释，因为他不见得听懂，但是他懂得行为的基本用意。

当家里的孩子都渐渐长大时，幼儿的训练、管教最容易受到忽视。年纪较大的孩子可能让年纪较小的弟妹做事情，利用这个机会满足、建立自己的权力欲，所以我们必须注意观察。每个孩子都需要一个训练的阶段来完成个人对生活技巧的认识。

但是有一点，不要在别人面前教训孩子。

很多妈妈在客人面前或在公共场合教训或指正孩子，这种做法是非常不恰当的。在这些场合中，应该让孩子自由表现。如果妈妈认为孩子的行为有任何不妥，应该在家里训练他、指导他，或私下提醒他。

A GOOD MOTHER IS BETTER THAN A GOOD TEACHER

第十章

挫折教育，让孩子懂得生活的艰辛

古人云:“天将降大任于斯人也,必先苦其心志,劳其筋骨,饿其体肤……”由此可见,古人对于家庭教育的观点亦是注重磨炼法的。如今的许多小孩儿,动手能力很差,只会空谈,眼高手低,他们所缺少的是一种自己处理具体事务的能力。

但传统的磨炼法一味强调体力劳动的艰苦性和磨难性,人为地拉大脑力劳动和体力劳动的差距,反而令孩子畏惧体力劳动,缺少愉快感和责任感,与现代的磨炼法教育所产生的效果不可相提并论。

让他懂得生活的艰辛

孩子未必一辈子都能在安然的环境中生活，如果他们不具备自己处理具体事务的能力，他们终将被世界所淘汰。我们应当尽量让他们经受各种体验，让他们提高适应能力，这是做妈妈的职责。

自己的事情自己做

妈妈应该为孩子提供尽量多的自己动手的机会，鼓励孩子从事一些自己力所能及的劳动，这样，不仅会全面地培养儿童的能力，而且还可以使儿童从小养成热心助人的良好的品格。

现在的孩子，生活环境好了，许多事情不用自己动手，妈妈全都包办，这样一来，儿童的生活，除了上学（上幼儿园）、做作业、吃饭、玩耍之外便一无所有。他们的生活缺少了一项非常重要的内容：动手机会。

在家庭生活中，妈妈应该注意随时为儿童提供“动手机会”：帮妈妈做些简单的家务，自己动手整理自己的生活环境……让孩子从小参加一些力所能及的体力活动，对他们是很有好处的，这一方面能够让孩子在劳动中培养自己的动手能力，学到一些劳动的技巧；另一方面也培养了他们“自己的事情自己做”的观念，更重要的是让孩子体会到：自己也能够独立地做一些事情，从中感受到一种成功的喜悦。这对孩子树立自信心和自我成就感是非常有用的。在“让孩子多进行一些力所能及的劳动”这个问题上，许多妈妈存在一些不恰当的观点，主要表现如下。

不要累着孩子。

这是许多妈妈共同拥有的一种不正确的想法，他们认为：孩子还很小，娇弱的身体还不能承受体力劳动。其实，这种担心完全是多余的。首先，儿童的精力远不像妈妈所想象的那样有限，这一点，在儿童喜欢参加的许多活动（如城市的孩子玩儿蹦蹦床，乡村的孩子和小伙伴一起游戏）当中都可以得到体现。其次，儿童自己也不会让自己累着，从主观上讲，儿童往往不是为了干活而干活，而是为了“换一种游戏的方式”，这在年龄小的儿童身上更是如此。因此，他不必从主观上为干活付出太大的努力——玩儿嘛，玩儿够了、玩儿累了就去休息，本来是天经地义的；即使儿童真是在干活，是为了表现自己“是一个好孩子，能够帮助妈妈干家务”，这可能会使儿童做出一些主观努力，但是，儿童自我控制能力发展还不成熟，毅力有限，当疲倦袭来时，他也很难控制自己去为劳动付出太大的努力。

家务是大人的事情，孩子们有他们自己的事情。

这种看法也普遍存在于许多妈妈中，持这种想法的妈妈，自己包揽了全部的家务活动，使孩子除了游戏、上学、做功课之外无所事事，家里的事情一点儿也不操心，妈妈满以为这样可以让孩子全身心地投入学习，取得好的成绩。但是结果往往事与愿违。许多孩子学习成绩不仅没有因此提高，反而会因为对单调生活的厌烦而滋长了对学习的厌恶情绪，使学习成绩出现下降的趋势。

妈妈应该认识到，儿童的生活，绝不应仅仅是学习。生活是丰富多彩的，在儿童的世界中，除了学习之外，内容是多方面的。儿童应该有机会安排布置自己的生活。从丰富多彩的生活中，全面培养自己的能力，这样才能成为一个全面发展的人。

如果剥夺了儿童自己动手的机会，不仅会使儿童丧失动手能力，长大后成为生活的“低能儿”——自己不会照顾自己，而且会使儿童在看到妈妈为家庭而忙碌，同时自己却在无所事事的时候感到迷惘——这是怎么了，他们忙得团团转，却不用我插手？长此以往，不仅会使儿童失去帮助他人的热心，而且会使儿童对家里的事务漠不关心，从心理上游离于家庭之外，从而养成冷漠的性格特点。

因此，妈妈应该为孩子提供尽量多的自己动手的机会，鼓励孩子从事一些自己力所能及的劳动，这样，不仅会全面地培养儿童的能力，而且还可以使儿童从小养成热心助人的良好的性格。

有的孩子只有两岁多时便出现好胜心强，什么事都喜欢自己做，且不愿接受大人帮助的现象。妈妈应知道孩子花了很多时间进行尝试，还是做不好，这并不是浪费时间。相反，他们是在花时间学做事情，妈妈应该积极地支持孩子的这种独立尝试精神。

孩子做出的努力，从眼前来看收获不大，但实际上孩子从中得到了锻炼的机会，学会做力所能及的事，学习生活自立自理。更为可喜的是，孩子在此基础上随着年龄增长能由自我服务向为他人服务发展。孩子一次次地尝试，大人要耐心再耐心，同时也可给些指点、示范和口头指导，直到他尝试成功。

孩子想多做事是好事，学会自己的事自己做，可使他的自我满足感及自信心得到提高，并善于独立思考，对今后工作、学习生活都有好处。为人妈妈者必须训练孩子很多生活技巧。小孩子当然也可以经由观察而学习，但是我们不能期望他以这种方式来学习所有的事。他需要学习如何穿衣服，如何过马路，等他渐渐长大后，还要懂得如何分担家事。

妈妈都盼望孩子快快长大，早早独立，哺乳期盼着断奶，会爬了盼着会走，会跑了盼着孩子能独立自主，早日脱离妈妈的“脐带”，成为一个独立的人。可是当孩子真的逐渐独立，进入反抗期，开始想摆脱妈妈的控制，背着成人做事，甚至愿意独处，不愿妈妈干扰时，妈妈却又茫然若失，这种失落感和担忧感使妈妈产生一种冲动，想把孩子紧紧抓在手中，于是他们干脆包办一切，什么都要管，什么都自己动手，给孩子穿衣、喂饭、系鞋带、收拾玩具，照顾得无微不至，这种不放手的管理方法，使孩子产生了严重的依赖性。其实，要让孩子独立，就必须放手让孩子去闯。

培养孩子的巧手

苏联教育心理学家科尔佐娃在对婴儿的双手边进行训练，边测定记录大脑生物电流的强度时发现：大脑皮层的成熟程度随手指运动的刺激强度和时间而加快。由此，她总结出：促进手指的灵活运动，是提高大脑两半球皮质机能的有效手段，进而提醒妈妈应当重视孩子动手能力的培养，有意识地训练孩子拥有一双巧手。

拥有一双灵巧的手是让人羡慕的事。那么这双巧手是怎样训练出来的呢？

首先，培养孩子的动手能力。训练儿童的双手，应从他们很小的时候开始。从一岁左右就要教孩子自己拿勺子把饭送到嘴里。这时可能饭要洒到身上、地上，妈妈一定不要怕弄脏了衣服而去喂他。等孩子再大一些可以教他们玩儿简单的玩具，如串珠、摇鼓等，也可让孩子自由涂鸦。随着孩子年龄的增长可进一步教他自己戴帽子，穿脱鞋袜、衣裤，用梳子梳头等。三岁以后可以教孩子搭积木、拼图、捏橡皮泥、翻绳、摆七巧板等。

其次，有意识地训练孩子使用简单的工具。人类比其他动物聪明，是因为会制造使用工具。妈妈不要怕使用工具可能会伤了孩子就不准他去接触。应该有选择地让孩子学会从简单工具到复杂工具的使用，让孩子理解各种工具的用途。当然，使用工具有一个过程，开始妈妈应手把手地教，要在旁边指令，同时要告诉孩子怎样防止工具伤害自己，如在使用小刀、针、剪子时，只能坐在指定的位置，不能拿着工具乱跑；更不能直接对着别人。当孩子学会用针线钉个扣子，刺绣一朵小花，或用钉锤钉个小玩具时，他便会从中体验到无穷的乐趣。

最后，有条件的话还应让孩子掌握一些艺术技巧，如让孩子在课余时间学学弹琴、绘画等，这些训练不是为了使孩子成为音乐家或画家，其目的是使孩子早期接受一定的艺术熏陶，训练一双巧手，开发智力。让孩子通过手指的动作来表现出声音、节奏、形象、色彩及结构美。这些训练往往给孩子的一生带来无限的乐趣和益处。

儿童的双手是通过反复训练才变得灵巧的。妈妈要尽可能多地给孩子一些用手的机会，不要怕麻烦。要多给他们创造条件，积极支持和鼓励孩子多动手，如进行科技小制作，较复杂的手工劳动等，让孩子在有趣的活动中，在多样的生活实践中，不知不觉地练就一双灵巧的手。

市场上出现的玩具新颖、艳丽，但价格也较昂贵，闲来无事，和孩子一起制作些小玩具，不仅是一种天伦之乐，更是具有教育意义的活动。妈妈在和孩子制作玩具时必须注意以下几点。

1. 妈妈在平时留心收集一些日常生活中丢弃的废物，如废纸盒、糖纸、瓶盖、饮料瓶、废布头、毛线、无毒泡沫塑料，将其消毒，进行简单的归类，放置于一个大纸盒中，如需要可随时取得。

2. 制作的玩具，不宜脱离孩子的认知及周围生活。儿童很早就用感官去看、去听、去说，去认识周围世界，所以自制玩具的内容要选择儿童经常看到的且喜爱的物体，如车辆、动物、房子、娃娃等，这样就能调动孩子动手动脑的积极性，使之主动加入制作玩具的活动。

3. 在制作玩具前，可让孩子自己设计、想象，妈妈对他们的构思要加以肯定，孩子能自己动手的尽量让他们去做。

4. 制作玩具的过程中应鼓励儿童和成人一起动手。一些剪、贴、粘、折、缝纫的活动可根据儿童的年龄和能力，适当地让他们参加。例如，自制“鱼灯”，“鱼”可让幼儿画，涂上鲜艳的颜色，贴在硬纸板上后，由于纸板过硬，可由妈妈按“鱼”的轮廓剪下。灯上的装饰花纹，幼儿可剪出各色窗花粘贴，灯穗也应让幼儿用纸剪成细条状，与妈妈共同粘贴。

利用生活中的一些废旧物品或自然材料，和孩子一起制作有趣的玩具，好处很多。

第一，它是一种创造性的劳动，从选材到造型设计都需要孩子积极的思维想象，能够发展孩子的智力和创造的才能。

第二，可以培养孩子不怕困难、坚持到底、完成任务的良好意志品质。

第三，可以使孩子手的动作得到发展，掌握使用各种工具的本领，造就出一双灵巧的手。

第四，可以从小养成孩子勤劳节俭的美德，认识到废物不废，一双勤劳的手可以变废为宝。

第五，可以密切联系妈妈和孩子之间的感情。妈妈何不试一试呢？

让孩子参与做家务

在现代生活条件下，留给孩子的活儿不多了。所以，孩子会感觉到证明成功的唯一办法就是从学校往家拿高分。然而，并不是所有的孩子都能拿高分。孩子需要用其他方式来证明自己能够成功。

家中的家务活儿对孩子是有所帮助的。它们给孩子提供了锻炼自己把事情做完的意识，并使孩子感受到自己被人需要，自己在家中很重要，即使他们有时为让他们做家务嘟囔几句发点儿牢骚，他们也同样有这种感受。

协作至少有两种方式：一种是我们彼此距离很近，一起做同一种工作，比如救火时，我们拉成一排传递水桶；另一种是我们分工合作，每个人的工作只是一个大的集体活动中的一部分，比如清扫房屋。

在家中，通常要做分工劳动。妈妈可以在厨房擦洗，孩子们在楼下的厅堂吸尘。实际上他们没有看到我在干活，而我也没看到他们在干活儿。

在同一个地点一起干一样的工作确实有一些与众不同的特别之处。在分派孩子们去干自己的活儿之前，先让他们和妈妈一起干。这不仅仅是为了照看他们，也是为了培养他们的团体精神和集体意识，让他们亲眼看到大家一起完成了一项工作。

露丝和丈夫曾经带领孩子们上到房顶一起修理屋顶板。孩子们帮着递钉子、扶梯子，骄傲地感到自己发挥了家庭一员的作用。

全家人一同烘烤饼干，彼此为对方诵读，一同更换轮胎，一同铲除积雪，一同剪树叶等都有助于培养这种精神。

许多孩子不喜欢做家务。但是当大家在同一间屋子的时候，他们就乐意做了。比如一个拂去灰尘，另一个擦拭家具或拖洗地板，干得蛮来劲儿。

在户外，他们喜欢耙树叶，但不是一个人干，是大家一起干。他们一个拿袋子，一个装树叶。正是大家在一起，才是他们所喜欢做的。

如果你的孩子不善于与别人协作，那么首先就多开展一些与大家一起动手做的活动，并以较民主的方式来处理问题，那样孩子和妈妈做事就都会顺利多了。以后接下来进行的活动就应是分工进行的了，但它们对培养重要的协作精神也是必需的。

当他们说："让我来！"那就让他们去干。

许多小孩子早在妈妈让他们做家务之前就请求做家务。孩子一般会请求让他（她）擦地，摆放晚餐餐桌或是洗车，妈妈经常拒绝这些主动的请求，因为让孩子帮忙通常意味着越帮越忙，起码一开始是这样。

首先可以与孩子谈谈需要在家做的工作，问问孩子他们认为自己能做什么。你会很惊讶地看到他们是那么乐于做工作，那么渴望做工作，而你原本并不指望他们在那么小的时候就乐于承担工作。

和孩子确定一个可达到的目标。从简单容易的做起，逐渐让他们做比较复杂艰难的工作。比如，可以让四岁大的孩子每天把报纸拿进屋里或是擦厨房的桌子。

把工作变为游戏。给自己和孩子规定同一个任务。然后进行比赛，看谁擦桌子擦得快，看谁找报纸找得快。孩子获胜的可能性越来越大，而且会做得越来越好。

记住，要向孩子演示怎样去做某项工作，而不要把他们干过的活儿重新做一遍。例如，孩子第一次使用吸尘器，那么就给孩子演示一下怎样操作，并且告诉孩子吸尘器都吸什么东西。有一个六岁大的孩子的母亲，没给孩子任何指导就让孩子自己动手操作，结果，三十秒后，一条崭新的婴儿围嘴就被吸进吸尘器里了。这对他们母子俩都是个教训。

然后分工合作养成通过分配任务完成工作的习惯。

组织家人做一项家务的最好的办法之一就是把这项家务分解成

几个部分。教孩子学会接受并履行作为“家庭团体”中的一员的家务责任。需要准备纸和铅笔。

挑选一项由几部分组成的工作。最好的示例就是准备一顿饭菜。首先做什么，其次做什么，可以照此列个程序清单。

拟订食谱。

购买蔬菜、食品、杂货。

备制饭菜。

摆放餐桌。

餐后收拾餐具等。

请每个人选择单子上的任何一项小任务来做。当然，部分内容的协调是必要的，好比一个家庭就是一个足球队，大家共同的目标就是要进球。当大家齐心协力进行一项较大工作，并各自完成自己所承担的任务的时候，团体精神、协作精神就建立起来了。当然，不要忘记不时地对各个成员给以必要的鼓励和赞扬。

妈妈可以让孩子组织家务劳动。这是一项需要动手写的活动，它通过让人能够接受的方式帮助家庭成员之间互相提醒在家需要干什么活儿。需要准备纸和铅笔。

把所有需要做的家务列个清单。可以把这些家务分成每周的工作和每日的工作两种。

每周的工作：洗衣服，吸尘，购买食品杂货，修剪草坪。

每日的工作：做饭，铺床，倒垃圾，喂养宠物。

再一起确定这些活什么时候干，谁来干。在每一项后面写上做此家务的人，以后可以相互交换所干的家务。要尽量避免把工作界限明显地分为“男孩子干的活儿”“女孩子干的活儿”。

谈谈一个儿童通常做的家务，比如摆桌子，收拾碗筷；一个成年人通常做的家务，比如洗衣服。如果可能，交换各自的家务，至少一次，看看每个人做不同的家务是否采用同样的方式。

当孩子对自己的兄弟姐妹说：“让我来帮你。”这话到了每一位做妈妈的耳朵里就像一曲美妙的音乐。而这种音乐对我们有些人来说是不常听到的。

为了使这种慷慨助人的激情不断涌现，要尽量多想出一些大家一起做活动的方式。

用讲故事的方式来强调互相帮助的重要性。最经典最适合少年儿童的故事就是《灰姑娘》。那三个卑鄙自私的异母姐妹，得到了应得的惩罚。热心帮助别人的灰姑娘，赢得了王子的倾慕。生活是现实的，不是童话故事。但我们都知道，协作精神无论是在运动场上还是在商场都会得到很高的回报。这一点可以让他们看媒体上报道的实例。对大一点儿的孩子来说，可以给他们讲《美妙的生活》，或让他们看这部电影。这个故事也是经典，讲的是吉米·斯图尔特为了整个家庭放弃了上大学的机会，成功地开办了一家小银行，帮助穷人维持生活，在天使克拉伦斯的帮助下，他真正地过上了美妙的生活。

在协作中，你不仅必须和大家一起做事情，而且必须能够从集体的角度来思考问题。

这一活动的目的是帮助孩子表达自己的想法，使家庭这个集体了解每个人的思想动态，进而尊重每个人的想法。

帮助孩子锻炼了解他人想法的能力。在家中，就家庭生活用品做一项民意调查。你需要准备铅笔和纸。

让孩子就正在使用的生活用品做一项家庭成员民意调查。比如牙膏、肥皂。

要做到这一点，孩子一定要善于听别人讲话。在每个人都接受了调查之后，问问孩子都学到了什么，家人喜欢这些生活用品吗，这些生活用品需要哪些方面的改进，在进餐时谈论一下这个民意调查的结果。

作为回报，可以在下一次购物时买一些家人建议的生活用品。这样，每个家庭成员就会看到自己的愿望变成了现实。

多数人都曾深受他人之恩。这些“良师益友”，不但和你一道工作，而且在工作中一直帮助你。这些人通常就是你的妈妈，但又不总是你的妈妈。他们可能是朋友、同事，或是关心你的长者。这是一项“谈论式”的活动，通过向孩子讲述那些帮助过他们的人，帮助孩子对这些人有所了解，是这些人才使孩子正确理解了协作精神的意义。

邀请几位要好的朋友来家中，请他们给孩子讲讲他们一生中受到别人帮助的事情。然后把你的经历也告诉给朋友的孩子。有时，听不相识的人讲他们的经历效果会更好，比起你讲自家的情况，孩子更能听得过去。通过这一活动，孩子还可以结交几位新的良师益友。

有一些团体注重培养孩子的这种精神，最明显最成功的就是专为培养孩子成长而建立的俱乐部或团体。他们在培养高能素质方面最显著的就是注重培养孩子的协作精神。

从报纸的体育版和商务版的文章来看，似乎每个人都在谈论协作。它是打开成功大门的钥匙。一些人称它为今天最被人们渴求的高能素质。

许多孩子都知道作为一个运动队的成员意味着什么。他们常常不知道的却是在工作中和家庭里作为集体的一员意味着什么。

这就是要你把你在工作中和家中与他人共事的经历跟孩子讲讲的原因。并不是所有的记忆都很美好，都是那样令人愉悦。例如，你可能给他们讲这样的回忆：在工作中，你的老板或同事把不愿做的工作推给你。

你也可能像一个赢得了世界系列大奖赛的团队成员那样讲述一段团结协作的经历。只要孩子愿意听，就要尽可能多地向他们讲述你的类似经历，孩子需要长期接受这种教育。

教会孩子一些常识，有的妈妈鼓励孩子找小朋友玩儿，鼓励孩子使用剪刀，鼓励孩子参加多种活动，可是一旦孩子跟小朋友打架，学会了骂人，或者剪破了手指，他们马上会收起剪刀，关上门，认为还是关在家里让孩子一个人乖乖的安心，于是他们就企图用说教来培养孩子尊重别人和相互协作的好品行，这其实是不能奏效的。因为孩子只有在与同伴的交往中才能从自我中心的“硬壳”中解脱出来，才能了解自我与他人的区别，了解集体中每个成员应有的权利和义务，从而培养出尊重自己、尊重他人，理解行为规范，助人为乐的良好品质。

根据你谈论的这些细节，你可能转向类似以下这样的问题，实验果然成功了，他们将我送上了那根树枝上。我在空中环顾四周，吓得尖叫起来，“放我下来！放我下来！”听到我的哀求，他们将绳子松开。三个孩子这次可都明白什么是地球引力了，特别是我，再清楚不过了。若不是掉在草地上，说不定把我摔零碎了。我的恐高症恐怕就从这次经历开始的。我哭着跑回家去告状，妈妈却说：“你的常识哪儿去了？”我不懂常识，当时我摔痛的屁股更不懂常识。

你能否教孩子，至少教孩子一些基本常识，而不让孩子经受折磨与考验呢？我相信你能做到。

教孩子常识无须教学大纲或计划，你只需在必要的方面给孩子以指导，想出教孩子的方法，使他们从中得到锻炼。本部分内容就涉及这方面的内容，提供了一系列多彩的活动，渐渐地向孩子灌输常识、收集信息。

如果你懂得常识，你就能努力做到开发思维；如果你懂得常识，你就能做到通盘考虑问题。

为此，孩子需要掌握如何从课本以外获取信息，这有助于孩子正确地，而不是轻率地下结论、做决定。

各种活动看起来有趣，做起来更有趣，会提高孩子获取信息的能力。

在房间里，让孩子环顾四周，然后把看到的东西一一说出来。此项活动可提高观察力。起初，孩子说不出几样东西，要鼓励孩子从地板开始一样一样地说，一直到天花板为止。

桌子上摆了好几样东西，让孩子观察，然后闭上双眼，拿去一两样东西，让孩子睁开眼，说出拿走了什么东西。与孩子交换角色，继续进行。让孩子在放学回家的路上进行观察，看看从前未留意的东西。如，树的一根断枝，或一个停车标志。观察能力十分重要。

你完全有能力培养孩子养成核实的习惯，当然，无论多么细心也难免会有差错，但至少可以避免某些日常生活中的不快。

教育孩子要保持警惕，试一试下面这一招。拿一个有虫眼的苹果，给孩子看好的那面，问孩子："这是个没有毛病的苹果吗？你把这个苹果吃掉，好不好？"然后把苹果转过去，这告诉孩子看问题不能片面，必须全面地看待事物，这是十分有意义的一课。

有一位女儿在回忆她的母亲时曾深情地写道："我深刻地体会到妈妈对子女最大的爱护和关怀是教会子女基本的生活技能。"

目标的功效

天才不仅是一种心理暗示，更需要具体的目标来证实自己。

一个孩子因为有过他人相信其能力的经历，他就会相信自己，并最佳地发挥自己的能力。如果妈妈再给他创造很多能让他独立完成一些事情的可能性，就可以巩固他已有的成就感，巩固他的自我价值感以及他对自我能力的信心。

从胜利走向胜利，也是一条成功之路，尤其对孩子更是如此。

让孩子学会努力

你必须帮助孩子了解努力的价值。失败没有罪过，而不去尝试则是一种过错。如果能从失败中学到东西，你就向成功靠近了一步。努力本身就是有价值的。

努力的结果有时出人意料。你可能像我一样，有过许多次付出了努力但却一事无成的时候，同时，也有过这样的时候，几乎没有付出努力就很巧合地取得了很大的成功！

孩子们也会有同样的经历。例如，他们写一篇作文，花费了一天又一天的时间，而老师却说："你应该努力再试一次。"然后，他们仅用了十分钟就又完成了另一篇作文，结果他们却得到了一个不错的成绩。

哪里有公平？回答：没有太多的公平，但是有一个平均法则。就是说，虽然你做过很多尝试，有一些能成功，而有一些则不能，但是机会总是会有的，你不能因失败而不再尝试，只要尝试，就有成功的机会。

你必须帮助孩子了解努力的价值。失败没有罪过，而不去尝试则是一种过错。如果能从失败中学到东西，你就向成功靠近了一步。

努力本身就是有价值的。

妈妈有必要同孩子展开下面的讨论。

孩子对失败感到畏惧吗？是不是有这样的想法，如果努力去做，可还是没有成功，落得大家瞧不起，还不如不去做？

孩子对成功或失败都有哪些实际的想法？

应当让孩子认识到，努力本身就是有价值的，这种追求进取的精神是人类生活发展的动力。而且你的努力，不论是搞园艺、搞烹调、搞家居装饰，还是每天写下备忘录，都表现出你个人特有的能力。这正如你所了解的那样，当人们执着地努力，处于一种专心致志的兴奋状态时，这对身心健康是有益的。

努力工作是一种满足。

显然，努力并非总是残酷和严肃的。人们生来就趋向于努力。当你尽到自己最大的努力的时候，你就能更好地发挥作用。随便问问那些练慢跑、游泳和棒球的人，你就可以知道，努力的愉悦不仅仅由于身体上得到了锻炼，同样也由于精神上得到了锻炼。你的孩子需要了解这一点。

谈到作家、艺术家、数学家和会计师的愉悦，你知道那是运用头脑进行创造性的劳动而获得的一种真实的满足感。

你的孩子需要知道，即使家庭作业也能够为他们带来快乐，这是一种尽到自己努力的愉悦，是一种取得成就之后的满足。但是写完十页家庭作业之后感觉到的快乐与游泳游过十圈之后的那种愉悦感是不会相同的。

把梦想告诉给孩子

实现美梦，获得骄人的成绩需要时间，需要脚踏实地的努力，需要毅力，需要锲而不舍的精神。

谁不曾有过这样的梦想：在音乐会的舞台上，你正在弹钢琴，而台下所有观众的眼睛都集中在你一个人身上，大家都在赞美你。

你站在讲台上，面对几千人将要做十年来最为重要的一次演讲。

那么把你的这些梦想告诉给孩子，与他们分享。这些梦是美妙的，可能连孩子都会惊奇：你竟然有这样的梦想？但是，在你把梦想变为现实以前，它们仍然是梦想，除非你坚持不懈地努力向目标迈进。

社会生活迸发出激情：与孩子分享自己的梦想。

有关梦想的话题可以以“你希望看到什么发生”为中心展开。

例如，父亲能每天（好吧，一周一次也行）坐在宴会桌上吃饭而不用为此付钱、购物或者做菜；孩子总能拿着全 A 的成绩单回家而不用读书写论文，也不用为了考试而啃书本。

你多么希望这些梦想能够实现，而不仅仅只是梦想而已啊！但是，现实与梦想是迥然不同的。大家讨论一下怎样实现自己的梦想。谁能帮助你实现那样一个美梦？读什么样的书，写什么样的论文可以使你获得那样骄人的成绩？答案：实现美梦，获得骄人的成绩需要时间，需要脚踏实地的努力，需要毅力，需要锲而不舍的精神。

过渡到更大的话题上。

通过以上的细节介绍，试着同孩子一起过渡到这样几种问题上。

在你成功的道路上，遇到的总是鲜花与掌声吗？或者说，一个总是面对鲜花与掌声的人一定能成功吗？

好动是幼儿的天性。在不扼杀幼儿天性的基础上培养幼儿的耐心，是一件很不容易的事情。从儿童心理发展的角度来看，耐心与幼儿的注意力有很大关系。由于身心发展水平的限制，幼儿还不善于控制自己的注意力，加上幼儿注意力的稳定性较差，易分心等，注意力不易集中，不易耐心地培养。因此，在日常生活中妈妈应从多个角度对孩子进行耐心的培养教育。

◇ 排除无关刺激的干扰。

幼儿以无意注意为主，一切新奇、多变的事物都会吸引他们，干扰他们正在进行的活动，有碍耐心地形成培养。妈妈应尽量避免有关的干扰，如，幼儿听故事时，妈妈尽量少走动，别打断，以免分散幼儿注意力；幼儿正在画画，妈妈最好不要进行看电视等刺激较强的活动，应为幼儿从小营造一个安静、平和的成长环境。

◇ 避免幼儿过度疲劳。

幼儿神经系统的耐受力较差，长时间处于紧张状态或从事单调活动，便会引起疲劳，降低觉醒水平，使注意力涣散。有时妈妈因为孩子缺少耐心，注意力不集中而强迫孩子一再地坚持，这不仅使孩子易疲劳，还会使孩子产生逆反情绪，更加不喜欢该项活动，不利于耐心的培养。

◇ 增强幼儿的兴趣，使幼儿全身心地投入。

幼儿的活动应从幼儿的兴趣入手，内容要贴近儿童生活，方式要游戏化，使他们在过程中有愉快的体验。如，教幼儿穿衣服时，妈妈可编成儿歌，使他们易于接受，如“抓领子，盖房子，小老鼠钻洞子，吱吱吱吱上房子”。在幼儿进行枯燥的涂色练习时，妈妈可以用拟人法使幼儿接受：给圆形娃娃穿五颜六色的衣服，不过衣服不要太大，不能涂到线以外等。

◇ 不断地鼓励、支持幼儿，使其有始有终。

不断地鼓励、肯定幼儿，给幼儿自信，使他乐于此项活动，让他明了自己可以干得好，干得漂亮。

改变他的懦弱性格

妈妈要想改变孩子的懦弱性格，就要让孩子学会勇敢面对挫折。

“挫折教育”说白了就是使孩子不仅能从别人或外界的给予中得到幸福，而且能从内心深处激发出一种寻找幸福的本能。这样在任何挫折面前都能泰然处之，永远乐观。

一位美国儿童心理学专家说：“有十分幸福童年的人常有不幸的成年。”很少遭受挫折的孩子长大后会因不适应激烈竞争和复杂多变的社会而深感痛苦。俗话说，“吃一堑，长一智”。挫折，能使人从中吸取经验教训，学会分析和处理问题，真正地“长大”。而如今的孩子对“挫折”二字大都比较陌生，许多为妈妈、为师长者，只重视让孩子吃好、玩好、学习好，对人格健全、心理成熟则关心很少，舍不得让孩子受一点挫折。

如今，一种旨在提高孩子对挫折的心理承受能力的观念已逐渐兴起。西方教育和心理卫生专家普遍认为，对挫折的良好心态是从童年时不断受挫和解决困难中学来的。妈妈有必要对孩子进行恰当的挫折教育，锻炼孩子在困难和挫折面前不低头的坚强意志和性格，并通过家庭中宽松氛围的营造，允许孩子有自己的想法和生活方式，使孩子形成客观、宽容、忍耐及和谐的心态。只有这样，孩子才能在挫折面前泰然处之，保持乐观与自信。

请看对比情景。

中国某家庭：

一个活泼可爱的小孩在玩耍，突然脚下一个踉跄摔倒了，孩子趴在地上哇哇大哭，妈妈心疼得了不得，立即上前抱起孩子，费上九牛二虎之力才算完事。说不准大人们还会互相责怪怎么不看好，摔伤了怎么办？

明明长得虎头虎脑，人见人爱，家里人宠得真是含在嘴里怕化了，捧在手里怕摔了。每天早上要催上好一会儿才睡眼蒙眬地坐起，一边揉眼睛一边伸出胳膊喊："妈妈，衣服！"妈妈就以非常熟悉的动作把宝宝"武装"好，嘴里还一个劲儿地夸上几句："真乖，真听话……"

美国某家庭：

一周岁的凯蒂在爬沙发的扶手，扶手很难爬的，而且爬上去也很危险，妈妈在为她担心。凯蒂好不容易爬上了扶手，刚想站起来，突然脚下一滑，一下子头朝下跌倒在铺有地毯的地板上，疼得她"嗷嗷"地哭叫。妈妈走过去，没有去扶只是鼓励她要勇敢，要自己站起来，并鼓励她继续爬沙发。

凯文正在和小伙伴们玩儿，他们你追我赶、打打闹闹，他的爸爸在一旁看得津津有味。奔跑中凯文不小心被旁边的石头绊倒了，脚上流血了，疼得直掉眼泪。而做爸爸的只是走过去看了一下伤口，然后轻轻地拍了一下孩子的头，让他继续玩儿。

以上两组画面形成了鲜明的对比，中国有一首歌唱得好："不经历风雨，怎能见彩虹。"幼儿期是个体个性形成的关键期，有意识地让幼儿受点儿“苦和累”、受点儿“挫折”，正是爱孩子的表现。让孩子品尝一点生活的磨难，让孩子懂得人生的道路是坎坷的，并学会从挫折中接受教育，培养他们吃苦耐劳的精神，培养他们独立意识和应付困难的勇气，使孩子具有应付困难的心理承受能力，是十分必要的。

妈妈是孩子的首任教师，在幼儿个性的形成过程中起着非常重要的作用。

当孩子在生活和学习中遇到困难时，妈妈要教育孩子克服依赖思想，鼓励孩子独立面对困难。只有当孩子充分地感受到挫折带来的痛苦体验时，才会激发他们考虑如何解决问题、克服困难。若这个过程经常得到强化，孩子就会在挫折情景中由被动转为主动，从而战胜困难。

幼儿的形象和抽象思维还不成熟，接受能力受到一定的限制，因此切忌把挫折教育视为挫折知识的灌输，这样不但不会产生好的教育效果，还往往会使孩子产生逆反心理。

教会孩子面对挫折、战胜挫折，并非一朝一夕可得，也并非刻意追求能成，关键是要顺其自然，顺应孩子的发展规律。在生活中潜移默化地培养孩子的承受挫折的能力，让幼儿明白生活有顺有逆，有苦有乐，还孩子以生活的本来面目，让孩子认识挫折，从而学会战胜挫折的本领。要给孩子一个心理准备，也要给自己一个准备，因为毕竟是自己的孩子，看到他受苦，妈妈心里终究不是滋味。但是，这是个必经的过程，不可以删除。

一般来说孩子承受挫折的能力是需要培养的。最好的方法是让幼儿参与到各种活动中，体验生活、经历挫折。正如美国教育家杜威指出的“教育即生活”，妈妈必须把教育与幼儿眼前的生活融合为一，“从做中学”。苏格拉底对待打破玻璃的孩子的做法：让犯错误的孩子独自待在房子中，让其体验寒冷、体验孤独，使其发现自己的错误，继而改正。挫折教育也应该让孩子在体验中学会克服困难，战胜挫折。心理学的研究成果也说明了这一点：个体通过亲身经历而获得的信息，比通过其他感官获得的信息在大脑皮层的痕迹要深，保持时间也长。

有这样一个镜头：圣诞节的前两天，北风呼啸，雪花飘飞，寒气彻骨。雪地里站着一位母亲，穿得厚厚实实的，在她的前面放着一辆婴儿车。少妇一会儿推着车走走，一会儿又停下来跺跺脚，搓搓手。车里的婴儿才出生三四个月，眼睛瞪得圆圆的，脑袋左顾右盼的，小手上下拍动，嘴中发出“咿咿呀呀”的声音，孩子冻得脸蛋发红。旁边路过的人关心地问：“孩子这么小，不怕冻坏他？”少妇报以甜甜的微笑：“没事，多让孩子接触大自然，对他有好处的！”当然这位的这种做法对于不少妈妈是难以接受的，但它的确给我们的妈妈带来了一些思考，仅有望子成龙之心，而无望子成龙的教育，良好的愿望是难以实现的。作为妈妈应大胆地放下“保护伞”，让孩子自由、健康地发展，在大自然中成长，多让孩子体验必要的挫折，经历失败，吃到“苦头”。

作为妈妈应该意识到，让孩子陷入你们所营造的感情旋涡，对孩子的发展是极为不利的，对孩子的成长应理性地对待。正如一位妈妈说的那样：我的孩子从上幼儿园开始，我就让他学着自己吃饭，自己穿衣服，虽然有时候饭会洒一桌子，衣服会穿得一塌糊涂，但我们确确实实地感觉到他在长大。孩子自己能够做的事情，妈妈应放手让他们去做。

孩子对于挫折是很困惑的，他们害怕挫折，害怕失败。著名心理学家马斯洛说:“挫折未必总是坏的,关键在于对挫折的态度。”挫折教育的终极目的正是引导孩子在经历挫折的过程中培养孩子独立的意识和坚韧不拔的品质。这一品质将使他受益终身。在挫折教育中,如果我们一味地追求让孩子经历挫折,而不注重在孩子经受挫折时恰到好处地进行引导,常会产生比较消极的情绪和抵触心理。

在孩子经历挫折的同时,妈妈应及时给予鼓励或肯定性的评价,以增强孩子克服困难的勇气。同时也应做好引导工作,帮孩子分析受挫折的原因,使孩子在经历挫折时,能主动对待挫折,在挫折的磨炼中造就自己坚强的性格。孩子的耐挫折能力正是随着这些知识经验的积累和各种能力的提高而增强的。

一位五岁女孩的母亲总结自己教育女儿的经验:我的女儿同其他的孩子一样,遇到不如意、不顺心的事,也会抱怨。但我总是尽量地引导她。如,在比较拥挤的车厢里,她总在抱怨“脚酸”。我就问她:“那怎么办?”让她有机会把不满发泄出来,这样她的心情自然也会好起来。接着,我劝她坚持一下,跟妈妈安静勇敢地站着。然后,拍拍她的肩膀,搂住她,很快她也就停止了埋怨。

“挫折教育”说白了就是使孩子不仅能从别人或外界的给予中得到幸福,而且能从内心深处激发出一种寻找幸福的本能。这样在任何挫折面前才能泰然处之,永远乐观。

值得注意的是:重视培养孩子经受挫折的能力是对的,通过这种教养方式进行培养也是可行的。但是,具体情况要具体分析。不要看见美国人看到孩子摔跤不扶起来,也让自己的孩子摔跤,结果摔得鼻青脸肿,还美其名曰挫折教育。如果不管孩子年龄大小、身体强弱,也不管孩子跌倒后是否摔伤以及受伤的程度等,主张“绝对”不能去扶，就过于简单了。如果孩子摔得不重，毫发未伤，看样子能够自己爬起来，妈妈就没有必要去扶他，而应该鼓励他自己爬起来。这样做，不仅可以培养孩子经受挫折的能力，也会增强孩子的自信心，使孩子的意志更加坚强。假如孩子正是蹒跚学步的时候，年龄小、身体弱，或是摔得很猛、很重，妈妈也不伸手扶助，就有点儿残忍了。在孩子需要帮助的时候，没有人热情地帮助他，他会感到人与人之间太冷酷无情。孩子是弱者，他们需要成年人的关心、爱护，成年人也负有这种责任。

培养孩子要言出必行

语气坚定就是坚持拒绝孩子的无理要求或避免过于放纵他们。只要定下规则，就务必实行，小孩子通常很容易掌握其中的精神。

一个规则定下之后，就需要维持某种程度的坚决态度，有时甚至需要给孩子一些沉默的压力，尤其是对年纪较小的孩子。例如，妈妈说："不行"之后，她还必须看看是否达到制止的效果。责骂、恐吓、处罚只会增加孩子心中的敌意，他们可能暂时压抑自己的欲望，而经常将这种情绪转移，反而更增加行为的偏差。所以小孩子只有从妈妈坚定的态度中才能学习守规矩。如果小孩子不肯穿好衣服才上学，妈妈可以不准他去。如果他始终吵个不停，妈妈可以请他到外面去。无论如何，妈妈在压制小孩子的行为时一定要同时给予小孩子自行选择的权利。如果他不乖，妈妈可以让他自己选择，自己出去或妈妈叫他出去。总之，小孩子对自己的选择或妈妈公正的态度通常都心服口服。如果妈妈和子女之间的默契很好，这种管教可以进行得更顺利。年纪愈小的孩子愈懂得观察大人的眼色，所以妈妈有时必须一直盯着不乖的孩子，让他知道你真的生气了！或你对这件事是认真严肃的。你将会得到意想不到的效果。

温妮知道凡是她做不来的事，妈妈都会帮她做，所以她更不愿意学习了。妈妈应该安排训练课程教导她学习自己穿衣服。

如果我们不花时间训练孩子，我们可能要花更多的时间来矫正、改变孩子的恶习。而且他可能会利用“矫正”的途径来达到他引起别人注意的目的。

对孩子的进步，妈妈要在适当的时候进行鼓励。如果妈妈发现孩子表现出乐意学习的情绪时，妈妈应该有所警觉并予以适当的鼓励，而且应该选择适当的时间来训练他。如果利用早上匆促的时间来教孩子系鞋带，不但妈妈会失去耐心，而且容易使孩子产生反感。下午游戏时间应该是最适合的时段，妈妈可以采取寓教于乐的方式。过家家就是一种很实用很有效的学习方式，或者妈妈可以自行设计游戏方式——如在破衣服上弄一大排纽扣洞，或从旧衣服上下纽扣让小孩玩儿纽扣游戏。妈妈还可以鼓励孩子共同设计，或创造游戏方法以提高孩子的兴趣。

妈妈可以举办一次“娃娃茶会”，以便利用机会让孩子学习餐桌礼仪，学习待客的态度。各种角色的模拟或扮演也是一种很好的训练方式。

在培养孩子动手做事情的过程中，手的动作是在脑的活动支配下进行的，是孩子的观察、注意等能力的综合运用过程，同时，手的动作又刺激脑的活动支配能力，促进观察、注意等能力的发展，胡教授说，这就是我们平时所说的“心灵手巧”。动手做事是孩子成长发展的基础，是开发孩子智力的基础。

有的妈妈只关心孩子的学习，可是他们不明白孩子的生活本应是丰富多彩的，学习书本知识只是孩子生活的一部分，回到家里，孩子应该做他力所能及的事情，特别是做一些使用手指的细活。例如，让孩子剥圆白菜、洋葱皮，去掉豌豆荚的筋，这种细微的手指运动可以刺激大脑。可以说手是头的一部分，手的神经与大脑中枢神经直接相连，孩子手的活动越灵活，其头脑的活动越灵活，对手的刺激就是对头脑的刺激。每一种生活技巧的训练应该一再重复，直到孩子能熟练运用，而且最好不要太复杂。训练孩子时，妈妈必须有相当的耐心，信任孩子的学习能力，常常对孩子说些鼓励的话，如，“再试一次，你会办得到的”。愉快的学习环境和气氛都有助于孩子的学习。

妈妈准备带鲍比到医院切除扁桃体。她觉得应该让他具备一些这方面的知识，于是在去医院的前几天，她设计了一项游戏。她提议说：“我们来玩儿娃娃上医院做扁桃体手术的游戏。”“那我们首先需要准备什么呢？”“手提箱。”鲍比兴奋地回答并找出一只玩具手提箱。“里面该放些什么呢？”鲍比挑了一些东西，装进皮箱里。然后帮娃娃换了衣服。鲍比当爸爸，他假装开车到了医院。妈妈演医生帮娃娃看病，向娃娃问话。她把简易的移动台当作担架，将娃娃抬到手术台，然后拿一根棒子套上旧的白袜子当针筒，假装帮娃娃打麻醉针，一面打针还一面向娃娃说明每一个动作，“贝比（娃娃的名字），现在你会觉得身体怪怪的，不过不要怕，你只要深呼吸，很快就会睡着了”“现在，贝比已经睡着了，我要帮她切除扁挑体。”她一面说，一面将娃娃脸上的“面具”拿掉，术后用毛毯将娃娃包好，再将她放回担架等。“好，现在要送娃娃回病房了，等她醒来后便可以吃冰激凌了。”“切除扁桃体之后，她会觉得痛吗？”鲍比问医生。妈妈回答说：“她没有什么感觉的，鲍先生。你看，你的娃娃睡得多甜。”“她醒来会觉得痛吗？”“她的喉咙可能会觉得有点儿不舒服，但是她可以忍受得了，而且这种感觉不会太久。”然后妈妈问：“现在，谁要当医生帮娃娃看病?”鲍比表示愿意当医生，于是这场游戏又重玩儿了一次。

过了几天，妈妈带鲍比到医院时，他便表现得很勇敢，也很合作。前面的例子中，妈妈很肯定地说娃娃可以忍受喉咙的不舒服，她并不讳言切除扁桃体后确实会有一点儿痛，但是她很有信心地认为孩子一定能够应付。另外她还指出很重要的一点——伤痛不会持续太久的。

在国外，妈妈十分重视人的独立性和自力更生精神，因此，从婴幼儿一岁半起就开始培养其自我服务技能。他们认为，自我服务技能的掌握，可以增强婴幼儿的独立性和成功感，可以使婴幼儿和妈妈双方受益。他们认为婴幼儿的自我服务技能包括系鞋带、穿衣服、扣纽扣、拉开或拉上拉链、洗脸、刷牙、梳头、吃饭、上厕所等。国外妈妈可以分清哪些任务是不同年龄幼儿分别力所能及的。他们认为：十八个月至二十四个月之间的婴幼儿能够学会自己用杯子喝水，能够捡起玩具；二至三岁的婴幼儿能够学会控制大小便，会用叉和勺吃饭，能够比较熟练地穿脱衣服、开合拉链；三至四岁的幼儿，独立性有所增强，上述技能更加熟练，几乎不用成人的帮助，自己会扣纽扣、系鞋带、吃饭、洗脸、刷牙等；五至六岁的幼儿，能学会自己洗碗，能够整齐地保管自己的东西，独立性大大增强。

妈妈训练婴幼儿自我服务技能的过程中，经常采用的方法：提出任务，创造成功地完成任务的条件。例如，为了训练四岁幼儿自己穿鞋、脱鞋，他们给幼儿提供的鞋比实际穿的稍大一些，使幼儿很容易穿、脱。又如，让幼儿向瓶子里倒牛奶，提供的瓶子是广口瓶而不是狭口瓶。

总之，在训练中，妈妈最初提供的条件要保证婴幼儿能够比较容易地完成任务，以后可逐渐增加难度。这样会增加婴幼儿学习自我服务技能的兴趣，使他们建立自信心，难度逐渐增加也能使婴幼儿的意志得到锻炼。

挫折是成功的垫脚石

挫折是最好的老师。挫折对于人生，犹如影子对于身体，总是无处不在。无数人生成功者包括那些杰出成功者与种种人生挫折往往有着难解之缘，甚至有时正是这种人生挫折造就了他们的成功。而那些没有挫折遭遇的幸运儿，身边有很多大好机会，而最终获得成功特别是杰出成功的，通常只是凤毛麟角。这就告诉我们：人生欲求成功，必须具备迎接与承受各种挫折的心理素质、意志力、承受力乃至精力与体力。只有历经挫折，方能打造成功。

我们现在要做的，就是培养孩子对待挫折的态度与方法。

关怀强迫症

如果孩子没有自己的独立思想、独立人格，将来在社会生活中肯定是弱者。犯有“关怀强迫症”的妈妈只能是在毁孩子，令孩子更痛苦。

“关怀强迫症”是指强迫别人对自己的依赖。就是这样的人喜欢关怀别人，不去关心别人自己就难受，而且这种关怀还非要别人接受不可，不管别人需不需要。这种关怀，有时是物质上的帮助、生活上的照顾，有时体现为忠告。总之，他们是通过让别人需要自己、依赖自己，给予别人并不需要的关怀来确立自己的人生价值，获得心理满足。就像许多妈妈做的。

关心别人的行为一直是受社会嘉许的，人与人之间也需要互相关心和帮助。但是，如果一个人强迫别人接受自己的关怀，使别人依赖自己的关怀，这就是一种不健康的心理，会影响我们的人际关系。

在中国这样的例子就有许多。大学里每次新生入学时，就有好多妈妈为孩子铺床、交费，好像孩子自己什么都做不了。还有的妈妈，事无巨细都要孩子向自己汇报。本来孩子正想出去玩儿呢，妈妈的电话就打回来了，看你在不在家。无形之手无时无刻不在控制孩子，搞得孩子非常痛苦。妈妈也知道不对，可是克制不住，这就是犯了“关怀强迫症”了。

对孩子所有的关心爱护，归根结底，都是希望孩子幸福。妈妈要爱孩子，就要让他将来生活得好。你要让他将来生活得好，就要让他有生活的能力，有足够的经验。要让他有足够的经验，你现在就不能剥夺他获得经验的机会。这才是一种更高层次的关心。有个十七岁男孩的妈妈说：“我的孩子特别傻，什么都不懂，所以我必须得替他干。”他孩子要是出去，不仅回来必须汇报干了什么，而且妈妈还跟踪孩子。如果孩子撒谎，整个家庭氛围就一塌糊涂。其实，如果孩子没有自己的独立思想、独立人格，将来在社会生活中肯定是弱者，那就是毁了他。现在，他不依赖你，你很痛苦；他依赖你，他独立不了，他很痛苦，两难境地。实际在妈妈获得满足的同时，已经害了孩子。

妈妈总希望自己人生的所有经验，所有经历过的痛苦、挫折，都能够作为间接经验让孩子学习和借鉴。但是妈妈忽略了一个问题：如果一个人没经受任何痛苦、挫折，他的挫折承受力就不可能强起来。只有遇到真的痛苦，他才能体验。我们的妈妈特别重视知识和技能的学习，但是社会经验的学习也是非常重要的。如果妈妈因为爱孩子，就要替孩子排除所有的痛苦挫折，实际上害了孩子。

因此，仔细想来，很多青春期的孩子和妈妈激烈的冲突，是不是就有这方面的原因？

这里，“关怀强迫症”的前提是你必须接受他的关怀，可是这样你自己的独立意志、独立人格就都得放弃，因此它是以取消别人的独立性来满足自己的需要。反过来，被关心的人也很痛苦，因为人到了一定的年龄，都有独立的需要，也有能力去干一些事情，但有“关怀强迫症”的妈妈，拒绝承认这些，他们排除一切孩子可能脱离自己独立的潜在因素，坚决否定孩子的能力。这样，就扼杀了孩子独立意识和能力的成长。对孩子来说，只有两种可能：如果坚决反对这种关心，就会产生严重的冲突；另一种就是服从和依赖，于是整个能力就退化了。而且，我们的社会对关心别人的行为是肯定的，总有人说“别人是为你好才关心你”，因此从道德上你就必须接受别人的关心。这样被关心者更加痛苦，他接受这种关心，就违反了自己独立的要求；不接受这种关心呢，又要承受社会道德的压力和谴责。所以“关怀强迫症”使双方都进入了一种特别累的境地。

不仅是妈妈，还有很多人都是通过关心别人、帮助别人来确立自己的人生价值，获得心理满足的。所以，他们会强烈要求别人接受自己的关心和帮助。如果别人不接受，他们就感到很痛苦。因为他的目的是在帮助别人的过程中确立自己的价值，因此就会表现出这样的倾向：自己家里的事不管，专门去管别人家里和外头的事。例如，自己家里乱七八糟的，非要去扫楼梯；对自己家里人特别苛刻、冷漠，甚至残酷，却专门帮助外人。这是为什么呢？因为在我们的社会文化中，离自己越近的东西，获得的道德评价越低。“关怀强迫症”的本质就是通过一系列的行为获得心理满足，包括道德优越感。为了获得优越感，他们甚至不惜损己利人。但这种人由于没有内在的价值感，所以总要去帮助别人。

在朋友中也有这种状况。朋友对你很好，但反过来他也要求你必须对他好。他强烈地需要介入你的生活，帮助你，给你买东西，给你忠告。这点在妈妈和孩子身上表现得最明显。好多妈妈自己有失落感，没有真正支撑自己人生价值的东西，所以要拼命通过关心孩子来体现自己的价值。如果一个人生活得充实，就不需要通过帮助别人来确认自己的价值。当别人有需要时，他也会热情地去帮忙，但不会依赖这一点，不会强迫别人接受自己的帮助。

给孩子适当的惩罚

惩罚是一门挫折艺术，妈妈应合理应用，既不能过分溺爱孩子，不给任何惩罚，也不能过度惩罚。

斯宾塞说过："经常惩罚所引起的孤独和对立，必然使同情心麻木，也就必然给同情心能够制止的那些过失开辟道路。"

关于体罚到底正确与否，人们看法各异。有一位伍兹先生说："我最早关于童年的记忆大约是两三岁时，那次，在游玩儿中由于任性，被妈妈扔在公园中。当时的我痛哭流涕，口里喊着'妈妈'，而我的妈妈却躲在树丛后静观我的表现；路人冷眼旁观、指指点点却没有人伸出援助之手……回想这段经历，我总是埋怨妈妈的冷酷无情，这次被抛弃、被冷落、被嘲笑、被戏弄的经历成为我永远的创伤。可是妈妈却认为这是对我任性的惩罚，应变力的考验，勇气和胆识的锻炼。"

这种惩罚是否恰当，伍兹先生与妈妈的观点究竟孰是孰非?

惩罚到底是否必须？答案是肯定的。每一位妈妈都疼爱自己的子女，但这种爱一旦离开了理智的严密监视，就像自己在泉水的源头下了毒药，日后受苦却又感到奇怪，因为“种种恶劣的习惯”都是从小养成的。

人类有许多源远流长的优秀家庭教育原则，尊敬长辈就是其中最重要的一条。如果妈妈不对孩子采取一定的惩罚措施，当孩子公然对抗和挑衅妈妈的权威时，妈妈就没有直接有效的手段，孩子就有可能成为小独裁者和终身的叛逆者。

人生不如意事十之八九，如果不懂忍受，就没法适应社会。为孩子一生着想，应该让他们从很小学会克制自己的欲望。这也许会给他（她）带来感情上的痛苦，而教育的目的就是让儿童及早习惯并自觉愉快地忍受这种“痛苦”而不感到是痛苦。

惩罚是需要看准时机的。“打”是惩罚儿童的方法中最坏的一种，也是最后的一个，只有处在极端的情形之下，在一切比较温和的方法都试验过了，都失败了的情况下，才可以采用。

婴幼儿期是塑造孩子良好品行的关键时期，正如江河的源泉一样，水性轻柔，一点点人力便可以导入它途，使河流的方向发生根本改变。所以对儿童要及早管教！成人应该让孩子牢牢记住“不尊重别人是错的，欺负别人更是不应该的”。

但是，有的时候小孩子会有很多不合理的要求，怎样管束孩子不合理的要求呢？

首先在运用惩罚前请一定要三思而行，至少给孩子一次改过的机会。也不要用手打孩子，因为手是用来表达爱的东西——去紧握、拥抱、轻拍和爱抚的。眼睛的威慑与表情的冷漠同样也能起到作用。要知道不给予奖励本身也是一种惩罚。在罚完孩子后要不失时机地抚慰孩子，给孩子阐明服从的理由，让惩罚有一个充满爱的结束。

人的一生往往很难逃避痛苦，即使没有体罚，精神的压抑也在所难免。但是童年就过早体验身心的磨难和摧残，很容易引起心灵的扭曲。惩罚不应该是孩子的心结，而应该是一门挫折艺术。感谢惩罚，因为只有接受教训才会免受社会更大的打击！

值得注意的是，体罚一定要适当。因为不适当的体罚易导致儿童暴力倾向。美国有调查还说，被妈妈体罚的儿童成年后吸毒和酗酒的可能性是正常儿童的两倍，而且患上焦虑症、抑郁症反社会行为倾向的概率大大增加。有的妈妈把打孩子看成司空见惯的事，四年级一个挨过打的女生说，妈妈一边打她还一边骂：长大了准是个女流氓。这样的体罚会给孩子的心里蒙上阴影。

而多年的经验和个案研究表明，体罚易导致儿童暴力倾向和易误导孩子认为暴力是解决问题的唯一途径。另外也使儿童过早地从心理上认定自己不是好孩子，容易自暴自弃，走向违法犯罪的道路。对有暴力倾向而走向违法犯罪的成年人的研究表明，这些人 100% 在儿童时代受到过不同程度的体罚。美国就体罚对孩子将来身心健康产生的影响做了全球最大规模的调查，被调查人的年龄介于十五岁至六十四岁。在偶尔被打的受访者当中，有 21% 患上焦虑症、70% 患上抑郁症、13% 酗酒、17% 吸毒。调查医生麦克伦说，有些人还会引起身心失调。有关教育专家还说，老师对学生的体罚特别容易引起学生的厌学心理。

怎样对待有危险性的事物

妈妈爱孩子总是无微不至的。看见孩子拿了小刀削铅笔，就怕孩子削了手指，于是马上抢了过来，替儿女削。孩子拿针缝一下脱落了的扣子，母亲也会怕女儿刺了手指，而要抢过来代劳。他们的这种行为实际上是在害孩子。一方面，削铅笔、钉扣子不一定会削到手或刺破手。这是夸大了事物的危险性。另一方面，更重要的是剥夺了孩子自己体验危险的权利，并孕育出避免危险的智慧的可能性和机会，更使孩子失去了学习劳动的机会。

危险从某种意义上来讲是到处存在的。人要生存下去，就要学会避免或战胜它。人类的历史也就是同无数的冒险斗争并战胜危险的历史。

因而正确的方法，应该是帮助和教育孩子正视危险，避免危险，从而远离危险，如果真有什么或遇到什么危险的话，譬如妈妈认为用刀子削铅笔有削了手指的危险，就可以向孩子说明这种危险，并提醒他使用刀时应当怎样用力。

我的孩子小时候喜欢爬树，而且爬得很高。邻居们从窗子里看到十分惊讶，并好意地告诉我爬树的危险。确实，爬树时，如果从树上掉下来，是很危险的，希望我禁止。然而，我又怎么能禁止得了呢？因为他爬树是在外面爬，我根本不知道，而且我又不是时时在他身边，我从何去禁止呢？

我只能提醒他爬树是一种很危险的游戏，要防止树枝突然断落，不然就会有跌落的危险。当然孩子听了我的提醒没有放在心上，他放学后，照样爬树玩儿。他认为爬上树顶，远眺校园和自家的屋子是一种乐趣。他当然也从来没有掉下来。这是为什么呢？其实道理也很简单。这是因为孩子在爬树时，他首先就要判断自己有没有能力爬；其次他在决心爬时，他会考虑牢固的踏脚点，衡量树技能否支撑自己的身体。经过这些分析他才会开始行动，因而一般也就很少摔下来了。只是这些都应该由孩子自己来判断和选择，大人最好不要在旁指手画脚，更不要盲目地鼓励，叫好；那样会造成孩子的心理负担和压力，反而容易出事。

因而，在遇到孩子爬树和从事某些有危险性的活动时，大人可以提醒、指出其危险性，但不要强迫地禁止。

因为对有些活泼和独立性强的孩子，禁是禁不了的。孩子游泳也是一样。我的孩子十一二岁就偷偷地和同学游泳了，等我们做妈妈的知道，他已经学会了。游泳，尤其是在河里游泳是相当危险的，在我居住的那个城市，每年都要淹死一两个学生。但说来也怪，淹死的都不是不会游泳的人，而是会游泳的人。就是因为不会游泳的人，他的警惕性较高，不致淹死；而粗心大意的会游泳的人反而有淹死的可能。

因而，只要大人能热情地加以指导和提醒，是不会有什么生命危险的。而且，即使一般地在河中呛了一两口水，或从不高的树枝上摔下来了，那么有了这些失败的经验，孩子反而能学会判断什么地方可以游，什么地方不可以去，什么树枝容易折断。这样，在任何情况下孩子都可以做出灵敏的反应动作，从而对一切、对未来的生活充满信心。

当然，并不是大多数的孩子都会喜欢爬树，或去游泳。有的可能喜欢从事别的激烈运动，但妈妈对待的态度基本上可以是相同的。那就是不要过多地约束或夸大了危险。应尽量使孩子得到认识世界、认识生活的机会。通常孩子到了十一二岁就想替妈妈和家里做些事。替母亲到市场买点东西，或到医院挂号，到邮局发信、买邮票等。起初，孩子可能会买不好，或做不好。有的又怕孩子一个人上街危险。这些顾虑都是正常的，也是可以理解的。但是妈妈却不应因此而把孩子关在屋子里，拴在自己的身边。相反，应该信任他们，让他们去做；同时提醒可能出现的问题。这样不仅使孩子有自信心，能一心去做好自己要做的事情。另一方面，即使一两次出了差错，做得不好，大人也不要斤斤计较，过于责备。而应帮助孩子总结失败的教训，告诫孩子以后不再重蹈覆辙，就行了。这样做既可培养锻炼孩子独立生活的能力，又能增进妈妈子女之间的感情。

培养孩子勤劳俭朴的习惯

我认识一位老人，有一次她同我谈了一件她十分迷惑的事。下面是她的原话：

我的孩子今年都三十岁了。他去年回家来时，谈到他小时的往事时说，有一回他要买一副铁环玩儿，我都不肯买。言外之意，有些埋怨我吝啬。我听了后，心里很不是滋味。其实，我哪里是舍不得钱买铁环。我当时之所以不买，是怕惹祸。怕孩子们在玩儿的时候，相互争着玩儿，争吵起来时用铁环殴打。而我家邻居的一些孩子又特别喜欢打架，况且我的孩子又在他们之中是比较小的一个。

我听了那位老人的话，感触很多。因为现在抱怨自己妈妈抠门儿或小气的孩子很多。同时觉得那位老太太不买铁环的苦心是完全可以理解的，而且也没有什么需要自责的。孩子们类似的抱怨，我听见过很多。最常见的是抱怨小时候妈妈没有给他们做过什么新衣服，总是拣旧衣服穿。其实，拣旧衣穿，只要没有破，也并不一定不好。而且这个问题还要从历史的角度来看。一方面，孩子拣旧衣穿，即妈妈把父兄的旧衣改给小儿子穿，妈妈固然是出于俭朴，这也是我国千百年来的俭朴传统。另一方面，也出于当时的物质条件，当时部分家庭的环境不甚好。妈妈又哪能给孩子每年做什么新衣服呢？一个母亲能够让自己的孩子穿得整齐清洁就很不容易了。

况且任何一个做妈妈的也都不可能，也不应该对孩子百依百顺，孩子要什么就马上去买什么。不权衡需要，不权衡利弊。这既对孩子没有好处，也不是教育孩子之道。孩子在外面玩耍，在学校里读书，同学们中好看的、好玩儿的东西，各种各样，数不胜数。孩子感兴趣的也不会少，如果孩子见到别的同伴有，自己就想要，就要妈妈买，那会要多少钱？又会要多少地方来置放？那孩子还有什么时间读书做功课？而孩子一想到自己妈妈不肯买，就认为是妈妈抠或吝啬。从孩子的教育上来看，这其实是一个勤劳俭朴的问题。它从某一点上来讲，暴露了过去我们在孩子教育中对勤俭的教育仍然不够或相当不够。在盛行独生子女的今天，尤其是妈妈收入都有很大的提高的今天，则更是不够，而是完全被忽视或遗忘了。其后果的严重性不难想象。因为一个没有勤劳俭朴的习惯的孩子，不会懂得妈妈的钱来之不易，也必然不会爱惜自己的衣物、图书和玩具。当然，也就更不会爱惜国家和社会的公共财产。同时，一个没有俭朴习惯的孩子长大后，也不可能热爱工作。因为俭朴与勤劳是紧密相连的。很难想象一个不懂得爱惜东西、珍惜金钱的人会热爱工作，或愿意工作的。当然，这种孩子也不会有艰苦奋斗的精神。因为只有懂得辛劳的人，才懂得一衣一食一物来之不易，也才懂得俭朴，在工作或事业中刻苦顽强。所以，在今天，我们要把自己的子女培养成开创未来的新人，我们就必须在生活中从小培养孩子勤劳俭朴的习惯。那么怎样才能培养孩子勤俭的习惯呢？根据一些教育学家的研究，要培养和教育孩子勤劳俭朴，妈妈首先应该做到以下三点：

①不要凡是孩子看到的和喜爱的东西，就都必须成为他个人所有；

②孩子应该想到的不只是他自己，还应有家庭的其他成员；

③不要满足孩子的每一个愿望和要求。

这三点相互联系。它们看起来很简单，有点像老生常谈。但也许正是因为它平淡无奇，却常为许多妈妈所忽视。不少妈妈总是只要是孩子喜欢，就千方百计去满足。孩子要什么就给他买什么。他们不但自己主动地让出自己应有的一份，还要求家庭中其他成员也都让出他们应有的一份，以博得孩子的欢心，或平息孩子的吵闹。他们的想法和道理都很简单。孩子小，大人可以退让一点儿。当然，他们的动机和愿望也都是善良的。但是他们却万万没有注意到或者忽视了孩子的要求是可以发展的，也可以是无尽的。你今天满足了他这个要求，他觉得他可以有求必应；于是他明天又可以提出另外的新的要求。你今天还可以设法满足他的这个要求，你明天也许就无法满足他的那个要求。这样做无意中惯纵了孩子，培养了孩子以自我为中心和利己主义性格。日久天长，他们心中会只有自己，没有别人。他们当然也就不会尊重别人和尊敬长辈了。而且稍不如意，便大哭大闹，甚至攻击别人。最后在他们达不到目的或满足不了他们的愿望时，他们还可能由失望而转变为消沉。

因而，在有爷爷奶奶或兄弟姊妹的家庭里，妈妈应该有意识地教每个孩子学会与家庭中其他成员合理地分享食物和衣服的习惯，学会使自己的要求与家庭中其他成员的需求相适应。独生子女的家庭，就必须教会孩子跟妈妈合理分享东西。并且经常教导孩子，让孩子知道和懂得，虽然家里只有一个孩子，但这丝毫不意味着他就是全家唯一有特权的成员，就是皇帝。我认识不少妈妈，尤其是一些善良的母亲，他们对待自己非常苛刻，常常是节衣缩食。好吃的让孩子吃个饱，自己不吃。好衣服让孩子穿，自己穿旧的。然而，孩子并不能理解妈妈的这番苦心；反而以为是家里有钱，从而养成一种大手大脚的习惯和极端的利己主义。甚至造成他们在妈妈面前一种特权。这样的孩子长大以后当然也不会懂得孝敬妈妈，因为他们心中至高无上的就是自己。有的孩子甚至可笑到这种程度，说他们的妈妈不喜欢吃好的，只喜欢吃粗茶淡饭；不喜欢穿新衣，而喜欢穿旧衣。

所以，妈妈最好是让孩子从小就懂得他们所使用的一切——衣服、玩具、图书、文具和体育用品等的价值。教育孩子爱惜衣物，爱惜书籍、玩具；不应该对丢失和损坏物件感到无所谓。因为每一件衣物都是各阶层的劳力换得的，也是妈妈辛勤的劳动所换来的。这就是我国古训所讲的“一饭一粥，当思来之不易”。

与此同时，妈妈还应该有意识地安排孩子做一些力所能及的劳动。如妈妈在做事时，吩咐在旁的孩子拿工具，或帮助打扫卫生。十一二岁的孩子就可以帮助妈妈在邻近商店购买一些简单的东西，或寄信等。还是之前所讲的那位老人，她告诉我，她儿子回忆起童年生活时，也总是讲他十二岁就开始洗自己的内衣内裤，好像是母亲虐待了他。我听了当即告诉那位老人，她做得对，她这样就从小培养了孩子的劳动习惯和独立生活能力。孩子将来明白了事理，不但不会埋怨她，还会终身感谢她这位好妈妈！

因为全家人生活在一起，本应当相互分担日常生活中的劳务，相互关心、体贴和帮助，这些都对孩子感情和社会交际能力的发展有很大的益处。妈妈应该使孩子懂得他的妈妈为了全家的幸福，为了生活是怎样工作和劳动的，进而促使他产生帮助妈妈的良好愿望。

因而，对孩子进行劳动教育，教会孩子帮助长辈从事一些家庭劳动是非常必要的。但是遗憾的是，我们许多妈妈都对这一点缺乏应有的认识。他们认识不到教会孩子，尤其是从小教会孩子帮助长辈做家事是培养孩子劳动习惯和劳动感情的主要和基本途径。另外，一些妈妈还有一些糊涂的观念。一是认为这些家务事自己还可以做得了，还年轻，不是老得动不得，不必去让孩子分担或代劳。有的妈妈还认为孩子将来反正有做不完的事，操不完的心，就让孩子童年和少年时期多玩儿一点儿，自己多做一点儿。另一种糊涂思想是有些母亲做事特别认真，她们总觉得孩子做事做不好。孩子扫过的地，她们认为没有打扫干净，自己要打扫第二遍。孩子洗的碗或手帕，她们认为没有洗干净，自己要重洗。因而，不如干脆自己动手，还省事些。孩子不会做事，正需要学习做事。孩子没有经验，也没有实践，当然不可能一开始就做得那么好。正因为做得不好，才需要妈妈的教育，才更需要锻炼。而恰恰这一点，那些妈妈却忘记了或者忽视了，或者缺乏耐心。结果，家中一切包办，在年轻时，不需要帮手时，他们还能一切代劳。到了中老年后，精力衰退，需要帮手时，孩子却又因为没有劳动习惯，不会做事；而由于没有劳动习惯，这时想喊也喊不动了。这类事情在我的身边简直是随处可见。十七八岁，甚至二十岁的小伙子坐在家里玩儿扑克、看电视；而五十几岁的老父、老母却要到商店里去买东西、打扫室内。我还认识一些已经结了婚的青年男女，他们自己没有房子，和妈妈住在一起。照理他们同老人住在一起应该可以同老人分担一些沉重的家务，然而事实则恰恰相反，他们除回家吃饭和睡觉外，四手不伸。房间要妈妈打扫，衣服也要妈妈洗。这都是因为从小妈妈没有教会他们劳动，他们从小就是一切由妈妈代劳惯了，所以才养成了好逸恶劳的恶习。没有劳动习惯、不热爱劳动的人，必然就不能吃苦，一旦生活上发生什么变故，他们就会对生活丧失信心；而且，即使没有什么变故，他们在自己的日常工作中也会缺乏刻苦钻研的精神，也不能做出什么成绩。

劳动习惯和对劳动的感情是不可能天生的，也不可能是先天的，它需要妈妈的细心培养和不断的教导。为了孩子的明天，为了热爱孩子，年轻的妈妈们必须从小培养孩子的劳动习惯。一切由妈妈代劳，这不是对孩子真正的爱护，这是在毁灭孩子。

A GOOD MOTHER IS BETTER THAN A GOOD TEACHER

第十一章

好妈妈胜过好老师，妈妈要做好表率

给儿童树立起一个良好的榜样，不仅是每个妈妈，而且是全社会都应该重视的一个问题，无论从生理还是心理上讲，儿童都是一个成长发育中的个体，儿童阶段就是一个由不成熟到基本成熟的过程，他那贯穿终身的一整套社会行为模式，就是在这一阶段从无到有、从简单到复杂，逐渐地形成和完善起来的。而这一过程，是离不开模仿的。儿童模仿的对象是成人——妈妈以及他所接触的每一个成人。因此，我们每一个人的行动，都不仅有其直接意义，还有其间接意义，那就是给儿童做出一个榜样。

常言道：榜样的力量是无穷的。其影响可延续到人生终点，其广泛可涉及一个人的心理、意志、情感、道德品质、性格能力、生活方式等诸方面，所以榜样的力量在一个人成长方面起着重要的激励作用。对儿童来说，榜样的影响力就更明显有效。

妈妈是最好的老师

儿童心理发展的特定阶段，决定了儿童的模仿力极强的特点，在他们的眼里，成年人比他们能力强、本领大、知识多。在他们的心目中，成人简直就是无所不能的，而自己却在许多方面表现出无能为力。

给孩子树立好榜样

人们常说“儿童的心灵就是一张白纸”。是的，这张白纸上，究竟能产生什么样的图画呢？主要靠大人们的行动来回答了。常常看到，人行道上一个两三岁的幼儿，手里拿着一块糖纸，东张西望地找果皮箱。而就在这时，旁边的一个成人漫不经心地把一个烟头扔在地上。这时，孩子眼里便会流露出迷惘的目光……这一下，就把儿童心目中的社会规范全都打乱了：大人都扔在这儿了，我还找什么果皮箱呢？

因此，模仿成人的行为，以使自己尽快地强大起来，摆脱无能为力的状态。这是儿童的一个普遍心理。在这种心理的驱使下，他们往往不加分析地模仿成人的行为。（这也是他们尚不健全的思维还难以对成人的行为做出是非判断结果）然而，对这种情况，大多数成年人是知之甚少甚至一无所知的。他们在孩子面前，毫无顾忌地说谎、耍赖、骂人，却丝毫不理会一旁儿童眼中流露出来的迷惑、不满，甚至批评的眼神，而一旦日后孩子身上出现了这些不良行为，妈妈便会勃然大怒，大吼一声：“这是跟谁学的！”

——这不是很滑稽吗？

因此，妈妈在儿童面前，要随时注意约束自己的行为，时时给儿童做出一个行为的榜样。另外，全社会也要行动起来，从各个方面（大众媒体、政府行为、官员形象、学校教育）进行严格的约束，以给儿童的成长制造一种良好的社会环境。

儿童的特点是模仿性、崇拜性强，加之他们幼小的心灵是一片纯净圣洁的天空，更容易崇拜代表他们的心愿及认为值得尊敬的人物，进而模仿他们的言行。因此，充分利用榜样的力量，正确引导孩子，将有利于孩子的健康成长。那么如何发挥榜样的作用呢？

妈妈、老师要为孩子处处做表率。妈妈是孩子的第一位启蒙老师，教师更是孩子心目中的圣人，他们的言行最易产生示范效应，被孩子模仿学习。因此，妈妈和老师在工作上要注意表现出高度的责任感和极大的热情；学习上要注意努力进取；在待人接物、思想品德、衣着打扮方面注意为孩子做表率；在日常生活中以自己的一言一行来潜移默化地影响教育孩子。像那种“麻将”一战通宵，“升级”一打半夜，高兴了再和酒肉朋友“吆五喝六”，若为人妈妈，给孩子以怎样的影响是可想而知的。

教导孩子辨别是非的原则和观念

妈妈认为怎样的行为才符合奖赏的条件，在定标准时，无形中也教导了孩子辨别是非的原则和观念。但对于什么是对，什么是错？正值学习过程中的孩子往往模糊不清，必须依靠妈妈的指示才能加以判断。

大部分的妈妈会同意，如果孩子的行为完全遵照他们的理想去做，绝对没问题，他们也得意能拥有个听话的孩子，却很少有妈妈会去担心可能因此养出个懦弱、没有主见的孩子。

没有主见、事事依赖的个性，往往是从小被要求顺着家人意思去做而塑造出来的。前述中得意的妈妈一定不乐于见到孩子将来也是让人牵着鼻子走的人，所以，聪明的妈妈不应该只是培养听话的孩子，而更应培养有自己的判断能力的孩子。

虽然妈妈已经有一套明确、周详的是非标准，却不必急着一朝一夕就把它们完全灌输给孩子，妈妈、兄姐的“以身作则”事实上就是帮助孩子学习自己处理事情、自己解决问题的最佳参照了，日久之后，孩子自然也能在内心建立一套自己的价值标准。

专家说：“有时候让孩子自己选择行为的方向，是训练他独立判断能力的好时机，如果家里的人一向就是循规蹈矩的话，孩子的抉择也不会偏失到哪里去，妈妈大可以不必专横地替他决定。”

肯定他的行为

当孩子有了自己的判断能力时，奖赏就是用来尊重、支持他的意见，肯定他的行为。

无论是奖赏或惩罚都有同样的程序，首先是孩子的举动已经表现出来了，妈妈也看到这样的行为了，接着妈妈就要加以辨识这种行为是应该惩罚，还是奖赏，拿定主意之后再施行，最后要注意的是孩子接受的反应。

妈妈应该都知道，“奖赏”是强调接受孩子的行为，使他朝着同一方向进行，“惩罚”则是制止孩子的行为。如果奖惩不分的话，孩子对行为的认定和学习势必跟着摇摆不定，无所适从了。

比如说，某位太太带孩子到朋友家做客，孩子回家时顺手要拿走人家的玩具，这位妈妈当即的反应竟然是对着别人说：“这孩子看到别人的东西就是喜欢！”至于孩子的行为到底是对是错，孩子根本收不到任何信息，自然他还是我行我素了。

对于孩子的行为，妈妈准许或否决的指示是非常重要的，尤其是幼小的孩子；如果妈妈的态度模棱两可，好像是在称赞，又好像是在责骂，让孩子摸不着头脑。又如何谈得上遵循呢？

不要老是端着架子

如果妈妈能放下架子，与孩子平等地交流，不但经常会有意想不到的收获，而且能增进家庭里的和谐气氛。小孩子通常会心甘情愿地接受必然结果。有时候有些问题必须和小孩子讨论或提出积极的建议才有解决之道。

我们必须不时提醒自己："我没有权力处罚和我平等的人，但是我有义务引导我的孩子。我没有权利强迫别人接受我的意见，但我有义务拒绝他的无理要求。"

平等地交流，反而会让他们觉得无限制的放纵会使他们感到不安，而尽情放任所带来的后果便是瓦解了整个家庭的和谐与快乐。

注意你说话的语气

如果你能够了解自己错误的语调，并改变自己，像对朋友一样对自己的孩子说话，我们便能轻易打开亲子之间的沟通之门。

马卡连柯曾说："只有在学会用十五种至二十种声调来说"到这里来"的时候，只有学会在脸色、姿态和声音的运用上能做出二十种格调的时候，我就变成了一个真正有本领的人了。到了那个时候，我就不怕有谁不肯接近我，也不怕觉察不到我所需要觉察的东西。"

当妈妈对孩子说话时，语调给孩子的感受往往比内容更直接。所以你必须多注意自己的语调。你在街上，或公园，或其他公共场合时，注意听一听大人对小孩子说话的语调，他们很少使用正常说话的语调来对孩子说话，你回家后再注意自己的语调，并注意自己到底想表达什么？而你的孩子所听到的又是什么？有什么反应？我们说话的语调经常是引起孩子行为偏差的因素之一。

皮耳大声地说他要去花园浇水。妈妈断然地说："不，你不行，小鬼。你要留在屋子里。"皮耳盯着妈妈好一会儿后，就溜出去了。不久后，妈妈听到水声才知道皮耳已经偷跑出去浇水了。

妈妈这种独断的语调几乎导致和皮耳的争执。我们问一个当时也在皮耳家里的一个十六岁的大孩子，她对皮耳妈妈当时说话语调的感想："皮耳当时有点害怕。我觉得她那种语调只是虚张声势。"

妈妈在百货公司遇到好久不见的老朋友，从小离出生以后，他们就没见过面了。"宝宝多大了？""十一个月大。""哦，小可爱，咕噜，咕噜，咕噜。"妈妈的朋友抚着小离的下巴逗她玩儿。

这就是妈妈最常见对小婴儿说话的"儿语"，这也表示你觉得小孩子的语言是拙劣的，几乎从来不会使用对朋友说话的态度和语调来对待他们。如果你能够试着听听自己的声音，会发现自己竟然这么不尊重自己的孩子，或威胁，或利诱，甚至甜言蜜语地骗他合作。如果你能够了解自己错误的语调，并改变自己像对朋友一样对自己的孩子说话，我们便能轻易打开亲子之间的沟通之门。

尊重孩子的想法

良好的教育方式大都鼓励妈妈尊重孩子的想法，给孩子发表意见的机会并支持他们的合理决定，帮助孩子培养果断性品质。

对孩子而言，尊重他的决定会让他觉得自己受到重视。

对儿童平等的尊重，体现在成人给予儿童发表意见的机会，并支持儿童合理的决定。这种做法并不仅仅意味着支持儿童的一个决定，同时还传达给儿童这样的信息：你有决定自己人生方向的权利，只要你的决定是经过深思熟虑并且是合理的。

成人应当给予儿童做决定的机会，以培养儿童的果断处理事情的能力。例如，让儿童决定今天买玩具的种类，是买变形金刚还是买小汽车？星期天活动的内容，是逛公园还是打电子游戏？暑假里学习的时间，是上午还是下午？

成人切忌对儿童的生活做出全方位的强制规定，无论这种规定是合理的还是不合理的，都会使儿童在成长的过程中失去自主决定自己事务的能力，在长大后面对人生的选择时，很可能不是冲动鲁莽，就是优柔寡断。

妈妈并不是无事可做，而应引导儿童尽量迅速做出合理的决定。

果断性品质所要求的就是迅速地做出合理的决定，合理意味着是深思熟虑的结果，迅速意味着当机立断的能力。未经深思熟虑就做出决定是鲁莽冲动，而深思熟虑后迟迟不能决断则是优柔寡断，这是与果断性相对立的两种品质。

首先，成人应教会儿童仔细思考，审慎地选择。由于儿童易受外界环境的影响，并由于自身认知水平的有限，会不假思索地做出决定，但很可能立即就会后悔。所以，在儿童做出任何一个决定之前，成人都应明确地告知，这是他自己做的决定，不能轻易改变，最好在下决心前仔细想一想。

其次，应引导不能迅速决断的儿童尽早做出决定。儿童由于缺乏判断力与决断力，或由于自身天性与兴趣的影响，会有优柔寡断的现象出现。例如，在选择玩具与活动内容时，出现两个都难以割舍的现象，成人可根据自己的判断力，选择其中一样，并把原因告诉儿童。例如，告诉孩子家里小汽车已有许多辆，还是变形金刚比较新奇，从而促使儿童早下决心。

但若是儿童做了在成人看来不合理的决定时，成人该怎么办呢？这也有两种情况，一是成人看来不合理的决定，儿童却自有道理，成人应尽量站在儿童的角度上去看待问题，接受儿童的决定，这种情况应是居大多数的。

另一种就是对儿童身心发展均不利的决定，确实是不合理的决定了，若是不太重要的事情，可让儿童在尝试的基础上改变这个决定；若事情比较重要，成人应当在说明、劝导的基础上来引导儿童改变这个决定。如儿童在上完体育课后，还想玩一种需消耗体力的游戏，成人可向儿童说明道理，并建议玩一种儿童感兴趣的安静游戏。

在做决定之后，妈妈要督促儿童坚持自己的决定。

果断性品质还包含着做出决定后把决定贯彻到底的素质，即对毅力方面的要求。若有决断而不采取行动，"只说不练"，仍然不是果断性的完整含义。

孩子在妈妈的帮助下做出了一个决定：从今以后，回家做完作业后再看电视。坚持了两天，就放弃了。这也是正常的，因为，孩子的意志力是比较脆弱的，易受自己情绪与外界情绪的影响，把决定付诸实践的能力较差，因此言行不一的情况常常出现。

所以，成人应把儿童做出的决定变成成人与儿童之间的口头或书面协议，有明确的奖赏与惩罚条款。若是书面协议，还可张贴在显眼的位置。在儿童能够坚持的情况下，过一段时间予以嘉奖。而当儿童不能够坚持执行决定时，则可提醒与警告，并可进一步采取强制性的惩罚。

儿童是有差异的，他们的性别与年龄不同，气质与性格各异，在意志果断性上的表现也不同，这种差异性便要求成人因材施教，扬长补短。对于鲁莽冲动的儿童应多培养其理智性和坚持性，对于优柔寡断的儿童则应着重于培养决断力与行动能力。中国几千年前的大教育家孔子面对性格特征明显不同的两个弟子，分别做出了“想干就干”与“审慎多问”的指示，这是果断性品质教育方面的良好典范。

年龄的不同也影响着培养果断性品质的方式。毫无疑问，随着儿童年龄的增长，成人所提出的要求应越来越高。在方法上，低龄儿童如幼儿（3—6 岁）由于自身知识水平与能力的相对低下，要求成人更多采用引导的方法，而对于年龄较大一点儿的，处于小学阶段的儿童更应注意儿童的自主性与独立性。在内容与范围上，低龄儿童做决定的事务应多是属于生活范围的小事，而年龄较大的儿童则可扩展到家庭、班级与学校事务。

对于性别不同的儿童，按照传统习俗在果断性方面所提出的要求也是不同的。对于女孩，成人通常更多地要求服从与细致，相应地对其决定前的深思熟虑做出较高的要求，而对于男孩，通常成人要求主动与独立，并且对其当机立断的能力更为注重。但是随着时代的发展，男女两性都同样需要具备自主性与果断性的品质。

良好的家庭心理气氛对幼儿的心理发展起着独特的作用，它主要表现在尊重、平等、民主这几个方面。这有利于建立孩子的自我价值感和尊重的意识。

妈妈运用的一个原则，就是要首先表明你对事件的立场，例如，“我不喜欢你穿膝盖磨破洞的牛仔裤到学校去，我觉得这样对老师及上课不尊重，穿那样到学校去不太合宜”。若小孩儿坚持不同意见，听听他的说法：“可是每个人都是那样穿呀！明天班上集合献唱时，我就会穿比较正式的衣服。”放开胸襟去聆听，如果自己也觉得认同，就要勇于承认。“好吧！听起来蛮合理的。”

如果你不认同的话，就得解释原因。“那天我去学校接你，大部分的小孩儿穿得很整齐呀，破洞的牛仔裤只适合周末穿。”然后，别让这类的对话沦为唇枪舌剑，“我听到你的意见了，如果你喜欢穿破牛仔裤的话，那就穿吧！但是要在合宜的场合穿，我觉得穿去上课，场合不对。下课后，你高兴怎么穿都随便你”。

没有人喜欢被否定，这比不过问还糟糕，因为被否定会令人觉得不受尊重，还有受伤害的感觉；后者只是令人有点儿烦而已。当你跟小孩表明立场的时候，就等于告诉他，他有权知道你心中的想法及做法。当你聆听他的想法时，也等于是在告诉他，你在乎他的观点。

而且，真心诚意的沟通，比进行争辩要重要许多。小孩会察觉出来你愿意倾听的真诚，自然就不会那么好辩，容易生气，特别是在你这样做的时候。你不但表达了对小孩的体谅，同时你自己也在稍做让步。他从坚持不妥协到退让的程度，会随着你愿意去斟酌他的想法而提高。

妈妈的权威不是建立在命令的基础上，“我说什么你就给我做什么”，而是建立在传达你对小孩尊重的基础上，同时，孩子不会有被牵着鼻子走的感觉，你是在教导他们如何“敬人者，人恒敬之”的道理。

表明自己的立场

不管任何时候，你表明自己的立场，真诚地倾听孩子的心声，都是在鼓励他独立的思考。

米萝下星期五晚上想跟她的两位朋友外出，预定待到很晚才回家。妈妈认为她太小，不宜在外逗留太久，并且也认为她花太多时间，跟这两位朋友混在一起，这令妈妈很不舒服。虽然他们看起来，还算乖巧，不过妈妈认为，他们在家一定没有受到适度的管教。

“我们只是想去比萨屋，然后去中学逛一会儿。”米萝坚持己见地说。

“抱歉了！”妈妈摇摇头说，“只可以去吃比萨，然后就得回家，现在天色暗得早，学校有时也会有坏人出没。老实讲，米萝，我觉得露露和凯特老做些超乎年龄的事儿。”

“哦！你老是把我当小婴儿。”米萝气呼呼地叫着。

“我可没把你当小婴儿看。”妈妈平静地说。

“我想跟我朋友一起玩儿嘛！”米萝坚持地说。

“你可以跟他们一起去吃比萨，可是吃完之后就得回家，我不管你怎么跟他们说的。就说我太严格，把罪怪到妈妈头上就好了，就说你也很讨厌这样，不过我就是这样。如果还是不成，撒点儿小谎也无伤大雅，就说我们家有客人，或是你要写作业，或者说我们全家要外出。”

“这样很不公平，”米萝一直辩解，“凯特要……”

“我会这样决定是觉得这样对你最好，”妈妈平静地回答，“我了解你想跟朋友在一起的心情，你可以跟他们一道吃饭，就是这样。

如果你觉得不够公平，那就现在说。或是你就待在家里吃晚饭，你自己选哪一样？”

“去吃比萨。”米萝走开时还念念有词。

“请在六点半以前回家，”妈妈说，“祝你玩儿得愉快！”

米萝虽然不大高兴，可是妈妈晓得她会明白两件事：第一，妈妈了解她心里的想法；第二，妈妈把她的安全摆在一切之上，她觉得妈妈爱她，虽然受到了限制。

就像米萝的妈妈一样，她不仅传达了自己对孩子的信心，认为他有能力做出理性的判断，同时也表达你希望他这么做的心意。这样等于告诉他，他有权表达自己，值得让别人去聆听他的心声。建立这种互相沟通的模式，代表你们双方都能从中学习，永远敞开胸怀去体会不同的观点，这才是解决问题的最佳途径。

不过，得设下底线。这样才不会争辩不休，同时也在自我掌控的范围内。你希望小孩儿明白他的观点当然重要，但你应主导整个情势。关键在于在广纳意见之后，再选择其一做决定。如果你可以把这样的意见表达出来，那就等于告诉他独立思考是值得努力的事。

了解自己是怎样的人，自己如何思考是很重要的。

妈妈当然必须尊重孩子的选择和需要，但是我们也必须认清孩子的无理要求或真正的需要，才能施予不同的辅导。